ER-nährung für Lichtarbeiter im Neuen Jahrtausend

ER – nährung
für Lichtarbeiter
im Neuen Jahrtausend

VINAYA

ch. falk-verlag

Originalausgabe
© ch. falk-verlag, Seeon 2000

Umschlaggestaltung: Vinaya u. Josef Nysten-Riess

Satz: UHG mbH, München

ISBN 3-89568-082-6
Printed in Hungary

Ich bin Fluß
im Sein
der höchsten Quelle

Inhalt

Vorwort

Dieses Buch mußte geschrieben werden. Lange Jahre, in dieser Zeit, habe ich selbst unter vielen Entbehrungen meine Eßgewohnheiten prüfen müssen.

Als das Leben sich durch die Literatur der Grenzwissenschaft auch geistig änderte, sickerte langsam, ja langsam die Erkenntnis von Körper, Geist Seele und durch. Viele gute Bücher über neue Lebensgewohnheiten und deren Praktiken gaben mir die AHA'S, die ich brauchte, dringend. Von welchen Büchern ich inspiriert wurde, ist nicht von Wichtigkeit. Längst ist mir klar, jeder findet durch die Göttliche Führung zu seiner eigenen Sache. Wir treffen uns auf einem großen, langen und sehr breiten Weg. Wir alle haben Platz, auch dann, wenn wir gleichzeitig durch das Goldene Tor drängeln. ER ist ja in heller Freude, wenn SEINE „Kinder" den Weg zu IHM finden. Auf allen Ebenen.

Weshalb ist dem Wunsch in mir durch die Göttliche Kraft nachgegeben worden?

Beratungen, die ich für Menschen geben durfte, mußten sich mit dem Glauben an „etwas", immer wieder neu aufbauen. So entstand die Gabe, die ich seit langem nur als Wort „hörte".

Vor ca. 10 Jahren durfte ich einem anderen Medium, die ebenso die Führung durch die MEISTER erhielt, helfen, den Glauben in sich und die große Führung zuzulassen. So geschah es, daß im Austausch diese Energie gelenkt wurde. Ja, ja, die MEISTER fügen zusammen, was gemeinsam gehen soll. Doch SIE lenken auch auseinander, wenn Wege geprüft werden müssen.

Es ist vollbracht und der Segen floß in schnellen Strömen. Der 1.2.1999 war der Beginn einer Neuen Zeit für mich und meinen Partner.

Wir beide, die seit der Kindheit mit ständigem Reiz an allen Körperteilen uns „plagten", erkannten durch die Führung, wenn wir IHNEN, den MEISTERN, wahrhaftig „zuhörten", daß endlich Frieden einkehrte. Die Körper gesundeten. Ändert sich die geistige Einstellung zur Welt, zum Menschen und zu **den Tieren**, ändert sich das Verhalten zum eigenen Körper. Sich selbst und seine Handlungen zu erkennen, führt dazu, Achtung vor **allem Leben** zu haben.

Als die Gaben der MEISTER immer stärker floßen, beschlossen wir, ganz rein zu leben. Das begann mit sehr reiner Nahrung. Vom Rhythmus der neuen Lebensweise waren wir so begeistert, da wir viel mehr in Form waren als jemals zuvor.

Für alle, die mit uns diese Freude teilen werden, sind wir den Weg der Enthaltsamkeit gegangen. Der Wohlstand, der sich in und auf unserem Körper durchsetzte, ist sichtbar (frei von allergischen Reaktionen).

Mit diesen ersten Gaben der Durchsagen bereiten die MEISTER uns auf eine langsame Folge von Heilwerden vor. SIE wissen, da die meisten der Aufgestiegenen MEISTER verkörpert waren, wie langsam die Freude wächst; ICH BIN es, der heil werden „will".

Ich wünsche mir, daß Sie, liebe Leser, die Wunder des Heilseins erleben.

Vinaya
31.7.2000

Dank – Sagung

Mein Leben hatte mit dem Tag, da ich, Vinaya, GOTT in SEINER wahrhaften „Form" erkannte, den Sinn erhalten. Was diese Zeit prägte, kann nur der verstehen, dem dies genauso erging. Das Gefühl von Freiheit in allem Tun durchströmte mich täglich.

Mein Glaube an die Wahrhaftigkeit der Seele und die Dinge, die mir von IHM in die Hände und den Geist gesandt wurden, empfand ich jeden Tag mehr als Geschenk. Was nur war vorher gewesen? Ich empfand es als einen langen traumatischen Schlaf. Plötzlich war ich hellwach. Doch nicht nur ich. Um mich herum erkannte und begegnete ich vielen aufgewachten Geschöpfen. Alle, die ich auf dem Weg meines Wachstums kennenlernte, gilt mein Dank. Keine Begegnung möchte ich vergessen. Sind sie doch alle meine Lehrer gewesen. Auf diesem Weg sind mir einige als besondere Boten geschickt worden! Vom Heimgang ihrer Seelen habe ich erfahren und denen, die noch mit mir hier dienen, möchte ich viel LIEBE als Dank senden.

Meine tiefe LIEBE gilt ihm, meinem treuen und wertvollen Partner, Detlef, an meiner Seite. Er, der alle Gaben mit mir teilt und die LIEBE der Aufgestiegenen MEISTER in allem Handeln erkennt.

Ich danke für die spirituelle Kraft, die ich durch meine Mutter habe wachsen sehen. ICH BIN einer spirituellen Lenkerin sehr dankbar, die immer wieder die Kraft des Wortes von mir geschrieben sehen wollte.

Mit dem Glauben, daß alles, was ich tun „wollte" und dann tun durfte, haben sich die Freuden der Tage, da die Gaben über den GEIST der Aufgestiegenen MEISTER EL MORYA, KONFUZIUS, KUTHUMI und CHRISTUS gegeben wurden, schnell aneinander gereiht. Die Formulierung IHRER Sätze ist gewöhnungsbedürftig, doch leicht erkennbar, da das Wissen aus dem Zusammenhang der Gaben nie genommen wird.

Meinem Großen Bruder, dessen starkes und leuchtendes Antlitz mir vor vielen Jahren in einer Situation des Zweifels erschien, gilt mein täglicher Dank vor den Stunden der Ruhe und des Lernens in den Tempeln der ätherischen Ebene, JESUS CHRISTUS.

So füllen viele Namen auf der irdischen Ebene diese Seite aus. Alle, die meine LIEBE empfangen, werden sie jetzt spüren.

GOTT, den wir in Unserem HERZEN erkennen, weiß, wie dankbar mein HERZ fühlt, da ich dieses Werk für IHN und die Menschen schreiben durfte.

OM SAI RAM*
Vinaya

* Sanskr.: OM SAI RAM=Gott zum Große

ER,
der Segen des SEIN

Wenn MEINE Gabe ERfolgt, ist alles, was von der HÖCHSTEN QUELLE flutet, GUT.

GUT, das vom Höchsten Strom zu Euch, Ihr geliebten Schüler, fließt, ist GOTTES LIEBE. LIEBE ist GUT.

So haben die Ströme, die mit SEINER Gabe den GEIST lenken, alles belebt, was zu Euch kam und kommt. **ER** kennt Eure Bedürfnisse, **ER** weiß um Eure Liebe, **ER** weiß um die Form, die Euren Segen lebt. Ja, Euren Segen. SEIN Segen ist das IST.

So haben alle Worte, die Ihr sendet, lenkt oder benutzt durch das ERkennen eine ganz besondere Kraft. Ja, es ist das GUT, das durch Euch flutet. Fluß ist GUT, jeder Fluß.

So geben WIR Euch Worte, die leicht zu ERkennen sind, für jeden in seiner Sprache. Hier, in diesem Sprachgebrauch fließt besonders durch das **ER** der Kraftstrom der Liebe. Achtung, Würde, An- ER- kennung, ja Fluß der **GOTTES**- Macht spiegeln sich im **ER** wieder.

SEINE Nahrung, egal von welcher Ebene, ist immer Belebung Eures gesamten GUT. Ist die **ER**- Nährung richtig, ja ERkannt worden, werdet Ihr feststellen, daß nur **ER** der wahre Lenker ist, für die physische wie auch für die feinstofflichen Ebenen. Versteht nur eins, **ER** will Euch damit helfen, den Strom in allem SEIN zu

ERkennen. Ist die Form im <u>Er</u>kennen anders? Nein, nur Hochachtung vor der Macht des Höchsten ist durch das geschriebene **ER** gelenkt, **ER**kannt und **ER**folgt.

OM SAI RAM
der Aufgestiegene Meister
El Morya

Einleitung von El Morya

Finden GNADE und LIEBE statt, werden große Energieströme zu den Menschen gesandt. Folgt ein Strom (ein Bewußtseinsstrom=Mensch) immer dem Gefühl, das ihn auf die nächste Handlung vorbereitet, geht er aufmerksam durch das Leben und sein Plan gelingt.

Was, ihr geliebten Schüler, ist ein Plan, den einzuhalten ihr immer bemüht seid? ORDNUNG.

Alles SEIN, das jemals erschaffen wurde, ist fest an einen Göttlichen Plan gebunden. Ströme mit eigenem Bewußtsein sind jedoch in der Lage, den Plan ihres SEIN zu beeinFlußen. Aus diesem Grund hat der Mensch die freie Entscheidung erhalten, sich seine Handlungen selbst auszusuchen, im Positiven oder Negativen. Das gesamte SEIN hat den Ausgleich von positiv oder negativ. Es ist ein ständig sich wechselnder Strom. Aus diesem Kraftfeld entsteht das Handeln.

Ist dem Plan des SEIN eine zu starke Neigung in diese oder jene Richtung gegeben, kann es zu Staus in jeder Energieform kommen. Um dem Plan, der den Ausgleich auf sehr einfache Weise ordnet, gerecht zu werden, sind die Gezeiten und der Wechsel von Tag und Nacht dem gesamten SEIN gegeben. Dieser Wechsel von hell und dunkel ist nur der Schein einer sich ändernden Energieform.

In tiefer Liebe
der Meister El Morya

Vom Strom, der die Körper belebt

Ihr geliebten Kinder, Schüler des LICHTS. Ihr seid nun bereit, in diesem Zeitalter den Strom der Reinen Gaben, die eure Körper erhalten sollten, zu empfangen. Von einer strengen Aufgabe ist nicht die Rede. Was nun heißt Reine Gabe?

Als dieses Wesen, Vinaya, für diese Aufgabe geschult wurde, mußte sie durch viele Inkarnationen der Entsagung gehen. Nur durch klare Nahrung, feste und immer wieder in Disziplin gelebte Zeiten (Leben) wurde sie mit dieser Art zu leben vertraut. Ein Leben genügt nicht, um an dieser Disziplin zu lernen. Alle, alle Menschen, die diese Schriften erhalten und lesen werden, haben schon viele Zeiten einer gewissen Vorbereitung hinter sich. Doch wisst ihr noch, wann und wo dies geschah? Nein. Keine Rückerinnerung ist wichtig. Evolution heißt Entwicklung, und dies ist das Wahre. Dies ist es, was von der HÖCHSTEN QUELLE allen SEIN für diesen Planeten und alle Seine Schüler von Wichtigkeit ist. Seht nach vorne. Weshalb, ihr geliebten Schüler, habt ihr Augen, die nur den Blick nach vorne lenken können?

In diesem nun beginnenden Leitfaden, dem **GOLDE-NEN LICHT**, das alles SEIN durchflutet, wird euch von dem wahren SEIN eines lebenden Wesens berichtet; Mensch, Tier, Pflanze, Erdstoff (Minerale u.s.w.) und Geist, alles, was im Leben der Formen durch Information als Träger des ELEKTRONS geprägt wurde.

17

Folgt dem Klangstrom eurer HERZEN. Folgt dem UR-GEIST eures Wissens.

Ihr geliebten Schüler, von einer Neuen Zeit wird euch berichtet. Von neuen und immer stärker fließenden Schwingungen ist die Rede. Was bedeutet dies für eure 7 Körper und die alles umhüllende Aura und das, was diese 8 Einheiten schützt? Ein jeder dieser Körper ist ein Informationsträger. Schwer und immer leichter und lichter werdend, doch keiner kann ohne den anderen sein. Nur als EINHEIT sind sie ein Ganzes. So ist es mit allem SEIN. Nennt es, wie ihr es benennt, jeder in seiner Sprache. Alles SEIN ist so geschaffen, mit 7 Körpern und einer Aura. ALLES SEIN.

So sehet, wie der VATER allen SEIN sich mit dem Strom des Flußes, dem GEIST, euch nähert. Wenn SEIN GEIST euch durchdringt, muß, bevor ER eure Körper durchflutet, alles andere erfasst sein. Von der HÖCHSTEN QUELLE zur QUELLE in alle Reiche SEINES SEIN, in jedes Universum, in jeden Planeten, in alle Körper allen Lebens und so auch von außen in euer innerstes SEIN die SONNE.

Der Strom des Flußes (LIEBE) wird als Leben spendender Energiestrom von unten durch alle Körper zur SONNE (Solarplexus), zum HERZEN und oben aus der Krone des Körpers austretend, gesandt. So der Strom wieder im Fluß und zur QUELLE zurückgeholt wird, ein-atmen, aus- atmen. Dies ist Leben, dies ist der Fluß der Reinen LIEBE. Alles, ja alles SEIN ist LIEBE. Jedes Wesen erhält die gleiche Form dieser Reinen LIEBE. Wenn nun die Kraft, mit der dieser Fluß gesandt wird, das SEIN durchdringt, fließt es aus dem GOLD der Einheit des

SEIN. Dunkles, machtvolles BLAU ist der Strom, der dem Willen der LIEBE entflutet. BLAU in so kraftvoller Gabe, daß ihr oft mit dem bloßen irdischen Auge dies als Dunkelheit seht. Es ist nicht so! Wenn dieser BLAUE Strom in die Universen fließt, wird Er leichter und lichter und für euer Wahrnehmungsorgan von königlichem BLAU. Jedes Universum ist im BLAU als Träger aller Planeten so geschaltet. Alle Planeten werden von dem Strom der machtvollen LIEBE (BLAU) getragen. In eurer Sprache wird der starke gebündelte ELEKTRONEN-STROM Laserstrahl genannt. So müßt ihr eure Erde sehen, eingehüllt in den BLAUEN KRAFTSTROM DER LIEBE.

blaue Liebe

Findet nun die Gabe des Segens statt, der alles SEIN belebt, sind Geist und LIEBE gemeinsam als Strom gesandt. So sind GOLD + ROSA erkannt worden, als die Gaben der Strahlen bekannt gegeben wurden. Beides ist so nahe und gemeinsam gegründet, daß viele den Geist – GOLD sahen und andere die LIEBE – ROSA empfingen, jeder nach seiner Entwicklung. Doch bedenkt, ohne LIEBE **kein** SEIN. So ist die gebündelte LIEBE als vollkommenes SEIN GOLD – BLAU, der Geist GOLD – GELB, die kosmische LIEBE GOLD – ROSA. Wenn nun alles SEIN so erschaffen, dann ist in jedem Körper Leben. Durch Reinheit, die von der HÖCHSTEN QUELLE als klares und perlmutt schimmerndes GOLD – WEIß gesandt wird, kommt es zum wirklichen Leben spendenden STROM. Der Leben spendende STROM ist GOLD – GRÜN. GRÜN ist Leben und kann als Strom im Körper niemals unrein werden. Er hat die Information Heilung. So der Heilstrom in allem GRÜN (Natur). I m m e r .

gold Geist
rosa Liebe
gold-blau Liebe
gold-gelb Geist
gold-rosa Kosmische Liebe

Wenn Ströme (Menschen) den Körper nicht beachten und achtlos mit allem, was sie tun, umgehen, wird die Heilenergie flacher und kann ganz zum Versiegen kommen. Seid ihr gesund und möchtet es bleiben, wendet euch an das VIOLETTE LICHT, die Flammen der Umwandlung, (VIOLETTES Feuer)!

violettes Licht = umwandlg

Wenn dieses LICHT das SEIN durchdringt, ist sofort wieder alles im Rhythmus mit der HÖCHSTEN QUELLE. Alle Farben, alle Formen kehren sofort in ihre Position zurück, das heißt, jede Farbe senkt sich tief in den jeweiligen Körper jedes einzelnen SEIN. Jeder Farbstrom ist einem Körper zugeordnet. So hat das GOLD–VIOLETTE LICHT auch starke Ströme zu lenken und FRIEDEN dehnt sich aus. FRIEDEN, der vom Ganzen als Höchste Form zum Erhalt von LIEBE gegeben. Ein GOLD– RUBIN– Strahl, der noch Reste von VIOLETT enthält, legt sich auf das SEIN. Von dem Strom, der alles umwandelt, fest gelenkt, wird das HÖHERE SELBST durchflutet. Immer mit Leben spendendem GOLD, das die Aura durchströmt und als Schutz der irdischen Körper zugeteilt. GOLD hat keinen Makel, GOLD ist nicht teilbar. GOLD IST.

In den Zeiten der Umwandlungen, als viele von euch geschult wurden, um als Instrumente die Gaben zur Lenkung der Menschen (Durchsagen) und allem SEIN zu erhalten, hat sich dies eingeprägt. Was, wenn viele dies anders sehen? Geschieht keine Heilung? Geschieht keine Umwandlung?

Es ist nicht so! Das, was von euch als das ALLMÄCHTIGE ICH BIN erkannt wurde, ordnet immer nach Plan, ordnet für euch alle. Viele Gaben dienen euch, um zu lernen, um zu erkennen, und jedes Wesen erkennt anders, jeder nach seinem Plan.

Ihr geliebten Schüler, findet nun den Plan für die Ordnung nicht zuerst im Äußeren eures SEIN. Alles, was von höchster Wichtigkeit ist, ist das Innere, der Kern. Der Kern eines jeden Lebewesens drückt die wahre Natur aus. Doch wie ist dies zu erfühlen? Wie dies zu erkennen?

Vor den Zeiten der Zeiten gab es den Plan der Ordnung für jedes System, das einfach funktionieren sollte. So entstand der PLAN DER SONNEN. Um diesen GOLD spendenden warmen TON, der alles Leben wärmt und erhält, drehte sich alles. Kamen Wesen, gleich welcher Art (Menschen, Tiere, Pflanzen oder Planeten u.s.w.) in Seine Nähe, begann der Lebens- Geist sich zu regen. Bewegung kommt in alles Leben, wenn die SONNE (Solarplexus) sich im Körper dreht. Der Strom der SONNEN wird deshalb als GOLD, das ALL- ES Gebende bezeichnet. In jedem eurer Körper des gesamten SEIN ist so eine SONNE, die durch die geordneten Farbströme in anderem LICHT erstrahlt. Diese SONNEN nennt ihr Chakren. Durch die sich drehenden Energiefelder sind sie als Räder bekannt. Alles, was diese Energieströme tun, sind Ausgüsse der jeweiligen Farben in die zugeordneten ELEKTRONEN eines jeden einzelnen Körpers. Ist ein Strom, der durch ungenaue ER- Nährung diese Zentren ausschöpft, in der Gabe erschöpft, kommt es zur Unterversorgung der Energiefelder (Chakren) und die Räder drehen sich langsamer und langsamer. Ist eins der Haupt- Chakren leer, kommt es zu Ausfällen der Leistung des zugeordneten Körpers (Wurzelchakra – physischer Körper z. B.)!!

Was bedeutet es, wenn physische Nahrung ständig im falschen Rhythmus gegeben wird (zur falschen Tageszeit)?

Folgen wie: „Kopfdruck", „Schmerzen", „Entzündungen", „Brennen", „Allergien", „Schwächen", „Schlaflosigkeit", „Haltungsschäden", „Übelkeit", „Erbrechen", „Konzentrationsmängel" entstehen durch falsche ER-Nährung. Der Glaube an die Macht der LIEBE GOTTES genügt nicht, um zu erkennen. Das Wissen um die Genauigkeit der Ordnung im Plan und die Freude am Teilhaben aus UR- altem Wissen ist Heilung. Wenn der Körper, der das heiligste Instrument ist, der diesem Planeten zugeordnet ist, in Ordnung **isst** und **ist**, wird Ordnung das Chaos wieder regeln.

Nehmt ihr Regelungen an und seid bereit, euch selbst zu helfen, ist Heilung geschehen. Wenn Innen gepflegt, ist Außen geregelt. Haltet euch an die Weisheit, die von euch selbst erschaffen wurde. Schönheit, die ihr Außen erkennt, ist von Innen gegeben. Doch alles bedarf der Zeit von langsamer Umstellung. Der Strom eines jeden Lichtschülers ist von der wahren Form der LIEBE zu unterweisen. Ist dies erkannt, werdet ihr zu wahren Schülern und Meistern. Um dies zu erlangen, stehen euch zahlreiche Formationen von Aufgestiegenen MEISTERN, ENGELN und ERZENGELN, ELOHIM, SERAPHIM und CHERUBIM zur Seite. Alle Wesen des LICHTS sind mit den FÜRSTEN vom System der LIEBE (VENUS) in eurem Umfeld, um euch zu dienen. LIEBE in unendlichem Fluß umgibt euch. LIEBE ist das Band, das euch mit IHNEN bindet. Ergreift diese Chance, SIE alle kennenzulernen. Denn jeder von euch, geliebte Schüler, ist schon Meister, da er dies erkannt hat.

ICH BIN SEIN, ICH BIN LIEBE, ICH BIN GLAUBE, ICH BIN STROM, **ICH BIN**! Alles, was in SEINEM Namen fließt, ist SEIN. Findet nun im Fluß der Neuen Zeit die Information:

„ER-Nährung für Lichtarbeiter im Neuen Jahrtausend, auf allen Ebenen des SEIN."

Mut, um dies zu erhalten, was WIR euch geben dürfen, fehlt euch niemals. Die Ablenkungen, die euch im Alltag noch festhalten, werden langsam, doch stetig von euch erkannt und in den wahren Fluß gebracht. Lasst euch Zeit, die Gefühle zu neuen Ufern zu lenken. WIR, die Aufgestiegenen MEISTER El Morya, Konfuzius und Kuthumi, werden diesen Kanal, der in dieser Zeit die Gaben erhält, lenken. Segen euch allen, die ihr mit der Macht der LIEBE zum Aufstieg geführt werdet.

„Ich lenke den Kraftstrom der LIEBE
 in mein HERZ,
Ströme von unendlichem LICHT
durchfluten mein SEIN."

In Tiefer Liebe
der Meister El Morya

Wir sind die Brüder des Christus

Ihr geliebten Kinder, wenn ihr UNS dient, ist das nicht im Sinne der HÖCHSTEN QUELLE allen SEIN ICH BIN! Ihr müßt <u>euch</u> dienen. Alles ist vorbereitet, um euren Plan im Ganzen zu erfüllen. Ein jeder für sich. So kann das Gesamte wieder zur Einheit werden.

Ihr geliebten Schüler, von den wahren Formen sollt ihr erfahren und habt doch so wenig Geduld, wenn nicht gleich der erste Satz ALLES klärt. Wenn ihr das Ganze am Anfang erfahren würdet, wäre die Freude und die Spannung raus. Ist es nicht so?

Dies ist kein Roman. Dies ist aufklärendes Wissen, das tief in euch verborgen schläft, um erneut erkannt zu werden. So seid in LIEBE mit euch. Jede Stunde, jeder Tag, an dem ihr euch wieder in die Schrift vertieft, sollte eine Meditation sein. So ist es UNSER größter Wunsch, daß ihr zuerst erfahrt, wer WIR sind.

Als vor den Zeiten (Leben) der Zeiten UNSER Plan entstand, diesem Planeten zu dienen, war UNS die Schwere des Mitwirkens sehr bewußt. Galt es doch, einen der schönsten Planeten wieder in Seinem wahren SEIN zu beleben. Tiefe Wunden hatte die Zeit des Chaos in die Seele dieses großen und Lichten Wesens eingeprägt. Wenn ihr die vielen Verletzungen dieser Einheit von Schönheit, Kraft und LIEBE gesehen hättet, wäre euer

HERZ voller Trauer gewesen. So kam es, daß viele von UNS, den „Großen Weißen Brüdern", wie ihr UNS nennt, sich bereit erklärten, viele Verkörperungen als Mensch zu gehen. Alles, was WIR versuchten, war nicht als Ziel zu erkennen. WIR mußten, nur mit viel LIEBE ausgestattet, den Weg gehen, den nach UNS dann viele, viele von euch auch gingen. WIR machten euch Mut, und UNSER Glaube an das Ziel, den Planeten zu retten, war so stark, daß ihr mit eurer LIEBE zu UNS dies geschafft habt, bis hierher und heute mitzuwirken. Seht ihr nun, wie der Plan wirkt? WIR werden niemals von euch getrennt sein. WIR sind im LICHT eurer Aura und ihr in UNS. WIR sind EINS, denn das LICHT kann sich nicht teilen. ES IST! Doch alles kann leicht oder schwerer als Materie sein. Das ist euch bekannt.

Nun finden WIR eine Erklärung für UNSER Erscheinen. Jeder von euch wird UNS anders wahrnehmen. Als LICHT, als FARBE, als GEFÜHL, als Erscheinung und je nach Wahl seiner Entwicklung. So sahen UNS viele schon als feste Form, als Mensch. Vieles ist über Meister und deren MEISTER (Aufgestiegene) schon gesagt und geschrieben worden. Was ist es? Wie sind WIR? Was sind WIR?

Geht ein Mensch den Reinsten Weg einer Inkarnation und lebt in der vollkommenen Hingabe, glaubt ihr, er ist ein Meister. Dies ist es nicht und ist es auf gewisse Weise doch. Alle, alle Menschen können ein Meister werden. Das, was benötigt wird, ist die wahre LIEBE im HERZEN zu allem SEIN. Kein Vorbehalt darf im HERZEN für das Leben eines jeden SEIN sein. Dies ist Meisterschaft auf Höherer Ebene. Wird nun ein Strom

(Mensch) von dieser LIEBE gelenkt, Leben für Leben, lange , kommt es zu einer klaren Form des Gesamten, so daß er für lange Zeiten in den Reichen Hallen GOTTES zum Schulen bleibt. Diese Meister dürfen immer wieder zu Planeten verschiedener Universen gehen, um im AURAFELD eines Adepten zu sein, um mit Ihm zu wandern. Von Planet zu Planet, von Land zu Land, von Wesen (z.B. Mensch) zu Wesen. Manche von Ihnen müssen viele Zeiten bei einem bleiben, da es der gemeinsame Plan der beiden ist. So kommt es, daß viele Meister um euch sind. Sie sind noch nicht die Aufgestiegenen MEISTER.

Was geschieht nun, um wieder zum großen ADEPTEN der HÖCHSTEN QUELLE zu werden? Diese Schulungen können, wie ihr euch denken könnt, bei einigen über ÄONEN dauern. Ihr glaubt, das ist lange? Nein. Alles, was ihr die Zeit nennt, ist hier ein Augen-Blick. Der Augen- Blick ist Zeit, ist Atem. Wenn es Atem ist, so versucht einen kurzen Moment euren Atem anzuhalten, geht es, nein! Alles lebt und atmet weiter. Ihr glaubt, daß ihr es tut. Dies ist ein Trugschluss. So fließt alles weiter. Würdet ihr wirklich den Atem anhalten können, wäret ihr physisch tot. So fließt das, was euch am Leben hält, PRANA, doch weiter.

Ihr geliebten Schüler, geht ihr nun von Verkörperung zu Verkörperung, sind Sie bei euch, geben euch von Ihrem geschulten Wissen, lassen euch teilhaben an Ihren gelernten Erkenntnissen. Ihr sagt: „Ich hatte eine Intuition." Aus eurem Inneren hört ihr und erfühlt ihr über Sie. Sie sind die Meister, die wahren Gaben, die euch lenken dürfen. So entsteht mit der Leitung eurer euch liebenden Meister euer Meisterwerk des Lebens, das ihr gerade lebt, auch die vergangenen. Füllt ihr eure HERZEN mehr und mehr mit der von euch erkannten wahren LIEBE, können Sie wachsen und müssen euch wieder verlassen, um weiter aufsteigen zu können. Zeit für Zeit. Gehen viele von euch gemeinsame Wege (Gruppen), die ihr die Wege zum LICHT nennt, kommen für diese Gruppen wieder andere Wesen aus dem LICHT, die eure Gruppe lenken. Auch hier ist es so, wie vorher berichtet. Sie geben aus dem Plan wieder mehr Wissen frei. Alle von euch haben Leben für Leben Wissen erhalten. Jeder! Denn kein Lebewesen ist ohne Wissen. Alles gehört zusammen. So muß es auch zu leitenden Persönlichkeiten der Gruppen kommen, denn sie sind wieder vom GROßEN GEIST geschult. Was nun, wenn viele zur gleichen Zeit viel erfahren, über Literatur oder den Faden des GOLDENEN LICHTS, das Weitergeben des Wissens von Seele zu Seele?

Alles, was in euch ist, entwickelt sich wie alles in der Evolution. Es muß! Stillstand gibt es niemals! So haben sich die Gruppen größer und größer formiert, um diesen Planeten zu retten. Doch bis es zu diesem klaren Erkennen von Rettung kam, mußten Zeiten für Zeiten vergehen, bis WIR UNS den Menschen hier zeigen durften. Mut, um immer weiter zu machen, gaben UNS und euch große FÜRSTEN, die UNS allen vom PLANET VENUS helfen durften. IHRE LIEBE ist so mächtig, daß, wollten SIE den Plan beschleunigen, der Planet EDEN sofort heil wäre. Geht dies und darf dies sein? Nein. Weshalb nicht, fragt ihr euch? Nun, ein Plan hat seine Ordnung! Um diese Ordnung geht es alle Zeit.

Atmet ihr zweimal ein und einmal aus? Geht dies? So ist die Antwort gegeben. Seht, wie die Entwicklung sich planmäßig fortsetzt. Geht alles SEINEM Plan nach, muß Stufe für Stufe erklommen werden, um an das Ziel zu kommen. Wo nun sind WIR in diesem Plan?

Für diesen Planeten, wie für die anderen, muß es eine Formation (Name und Zahl) geben, die sich nahtlos aneinander reiht. Das sind nach eurem Wissen Bezeichnungen. Alles SEIN wird bezeichnet, um schnell erfasst werden zu können. So gibt es für alles SEIN einen Namen. Wenn alles so schnell erfasst werden kann, ist die Gabe des GEISTES auch so schnell. Der GEIST ist so schnell, wie kein Wesen es jemals mit dem bloßen Bewußtsein erfassen kann. Der GEIST der QUELLE hat alle Formen, die Sekunde für Sekunde (nach eurer Rechnung) gesandt werden, in sich. ER gibt ständig, der GEIST nimmt niemals —— ER GIBT IMMER——.
Doch alles SEIN fließt zu IHM zurück - IMMER.
Wozu gibt es ein „Buch" der Erinnerung, Akasha, wie ihr es nennt? Da ohne Pause Wissen gegeben wird, könnte ohne es niemals von der Schönheit des Anfangs aller Zeiten in die Erinnerung kommen. Dieses Wissen muß erhalten werden. So behält die Menschheit den Mut an das große Ziel, den BLAUEN PLANET EDEN in der Vollkommenheit zu leben.
Ihr geliebten Schüler, WIR haben vom Aufstieg der Meister gesprochen. Um den Glauben zu stärken, der in UNS allen tief verankert ist und völlige Hingabe widerspiegelt, geben WIR euch noch dies: Ist Verkörperung zu Verkörperung voller LICHT und LIEBE? Nein!

Alles, was es zu meistern gibt, muß „fast" jedes Wesen auch in unangenehmen Verkörperungen erfahren. Vieles, was dem Planeten durch unvollkommene Wesen angetan wurde, konnte nur aufgelöst werden durch Erkennen. Wie ist es, wenn... !?

So haben viele, viele sich Leid und Schmach und Krankheit aufgeladen, um zu erfassen: Was ist zu tun, um das Unvollkommene zu retten? Was muß ein unkontrollierter Körper (z.B. Behinderter) erdulden? Ist es wirklich Leid? Nein!

Da alle Seelen, WIR betonen, alle Seelen von dem wahren GEIST, der wahren LIEBE **wissen**, ist es GNADE des GEISTES, in einem unvollkommenen Körper zu leben. Ist der Geist unvollkommen, bedarf es einer genaueren Erklärung, und dies geben WIR zu einem anderen Zeitpunkt.

In den Zeiten, die ihr Jahrtausende nennt, hat sich über Äonen alles so entwickelt, daß klarer und klarer zu erkennen ist, was für einen kurzen Moment die Überhand hatte, das CHAOS.

Chaos ist ohne Ordnung. Doch der GEIST ist nur an Ordnung gewöhnt.

So ER den Zeitpunkt wählte, um ALL– ES wieder in SEINE ORDNUNG zu lenken. Dieser Zeitpunkt ist erreicht. Auf der ätherischen Ebene ist dies schon bis auf wenige kleine Unebenheiten geschehen. Was heißt das?

Durch eure und UNSERE und der Meister LIEBE, die wieder von den Wesen, welche die Menschen ENGEL nennen, unterstützt werden, ist der Bund der LICHTARBEITER entstanden. Ihr sagt dies, als würdet ihr alle dieses Wissen erkennen. LICHT heißt Leicht.

Doch viele von euch geliebten Lichtarbeiter haben diese Aufgabe f a l s c h verstanden. Werdet ihr zu leicht (zu viel meditieren und zu wenig physische Nahrung), bevor euer Tag des geplanten Hinübergehens gekommen ist, wird euer Körper zu leicht, um der ERDE zu dienen, dann ist der Plan eurer Evolution und der Aufstieg in die Höhere Ebene unterbrochen.

Alle Lichtarbeiter, die vor ihrem geplanten Tag gehen, kommen in das „LICHT". Doch sollt ihr nur ins LICHT? Kennt ihr euren Plan? Habt ihr eine Erinnerung? Nein.

Wer von euch weiß bewußt sein Ziel? Nur WIR und die HÖCHSTE QUELLE allen SEIN, ICH BIN. So muß ein Wesen, das vorzeitig geht, durch Missachtung des gesamten Selbst wieder an der Verkörperung teilnehmen. In große und friedvolle Reiche kommt ihr, um zu ruhen, da alles von euch an Erinnerung im Kern eures SEIN lagert. Es muß wieder erarbeitet und erlebt werden. Muß dies sein? Es ist nicht der Plan eines LICHTSCHÜLERS. So sind WIR gekommen, um euch zu helfen.

In den Zeiten, da ein Jahrtausend sich neigt, ist die Geistige Welt der Lichtarbeiter in besonders großen Formationen tätig. Viele, viele von euch werden „sehend", „hörend" und helfen durch „Schreiben" der Menschheit zum Erkennen. WIR sind im Kleid des GOLDENEN Stromes fest eingebettet. Fest im GOLD des Schutzes, das über allem Leben wacht. Dieses GOLD kann mit dem irdischen Auge nicht erblickt werden, da es so tief im SEIN ist und der GEIST ES benötigt, um alles zu erhalten. Filter um Filter sind nötig, um es euch zu zeigen. So wird es klarer und weißer. WEIß– GOLD ist es im LICHT eurer HERZEN, und daraus entspringt das LICHT der Dreifältigen Flamme. Die LIEBE des GEISTES bleibt LIEBE.

BLAU–GOLD–ROSA. Das haben sie gesehen, welche die Flamme des GROßEN GEISTES erblickten, die dreifältige Flamme des HERZENS. Der WILLE GOTTES ergießt sich aus dieser Flamme, in euer und aller SEIN.

Von denen, die UNS sehen in den Farben und Körpern, ist heute noch die Rede. Wenn der Geist für eine Verkörperung geöffnet wird, hat jeder eine andere Gabe, die ihm zu eigen ist. Alles muß in der Ordnung bleiben. So ist es nicht möglich, daß alle Menschen, Tiere, Pflanzen oder Arten das Gleiche zur selben Zeit tun und wissen. Doch ist man miteinander oder in Gruppen, fließt der Geist ineinander und Erinnerungen werden geweckt, je nach momentaner Entwicklung. So ist es mit den „Kanälen", wie ihr sie nennt. Der VATER eures Planeten nennt sie Instrumente. Ihr alle seid ein Instrument, und WIR lenken den Ton, so der Klang ertönt, die Stimme. Seit die Menschen mehr und mehr dem LICHT dienen, können WIR stärker und kraftvoller „eingreifen" oder UNS „einschalten". Eure Instrumente sind so gut gestimmt, daß die Entwicklung eures SEIN sich so schnell geöffnet hat und viele von euch UNS „sehen", „hören", oder „fühlen". Das ist UNSERE große Freude. Durch diese sich verstärkende LIEBE sind WIR so stark im GEISTIGEN STROM sichtbar. Nur durch starke Ströme von LIEBE ist es möglich zu sehen. Die Liebe im Herzen öffnet den Geist.

Seid nicht traurig, wenn einige von euch nicht sehen! Die, die sehen, werden es nicht so nachvollziehen, sagt ihr: „Ich fühle SIE". Jeder nach seiner Entwicklung. Lichtarbeiter dürfen nur vom wahren GEIST leben und sind so zusammen die stärkste Einheit des FRIEDENS. FRIEDEN, das Ziel dieses PLANETEN und von allem SEIN.

Seht UNS nun als die Aufgestiegenen MEISTER, die das wahre SEIN erfassen durften. WIR gingen von Ebene zu Ebene, von Dimension zu Dimension. Manchmal kamen WIR wieder, um einen Körper zu tragen (Mensch sein) und durften bewußt bleiben. Alles durften WIR erkennen, und das machte UNS zu dem, was ihr nun fühlt, den wahren Sohn des GEISTES!

Ihr, die ihr weiblich seid, seid in Wahrheit auch Söhne. Alle sind Söhne. Es ist IST. Nur für dies ist es von Wichtigkeit um zu lernen. So auch die Aufgestiegenen MEISTERINNEN. SIE sind für euch im Weiblichen geblieben, da eure LIEBE so stark ob IHRES großen Wirkungsfeldes, um euch diese LIEBE zu erwidern. So haben alle, alle, die aus dem EINEN GEIST kamen, nur Energieform. Jeder Strom (Mensch, Tier, Pflanze u.s.w.) ist beides. In einem Leben mehr dies, im anderen mehr das. WIR sind wieder SÖHNE der HÖCHSTEN QUELLE allen SEIN ICH BIN. Das ist die GNADE, die euch alle erwartet. Erwartet nur das Beste, zu jeder Zeit FRIEDEN.

Um nun für jeden Tag von den Aufgestiegenen MEISTERN die Energie zu empfangen und UNSERE Gaben zu erhalten, benötigt ihr keinen Glauben an UNS. **WIR SIND**.

Ein Gedanke, eine Bitte von euch an UNS, und WIR wirken bewußt. Das heißt: Segen fließt aus UNSERER kraftvollen Aura. Benennt ihr UNS beim jeweiligen Strom (z.B. geliebter Aufgestiegener MEISTER des Blauen Strom, ich erbitte den Segen aus Deiner Aura), fließt diese Farbe sofort in den zugeordneten Körper und dehnt sich in alle Bereiche eures SEIN aus, sprich: es ergießt sich in jedes ELEKTRON eures vollkommenen SEIN. Das ist ein Gesetz!

Jeder von UNS, und UNSERE Formation ist groß, hat sich für einen Strom entschieden (Strahl). Viele Ströme und viele Farben gibt es, alle sind WIR zusammen tätig und die Einheit des GEISTES. Dieser GEIST ist GOLD. Mein Strom ist BLAU. Ihr seht Mich als den Aufgestiegenen MEISTER EL MORYA. Mein LICHTBRUDER des GOLD– GRÜNEN STROMS, der Aufgestiegene MEISTER KONFUZIUS, und der BRUDER KUTHUMI vom GELB– GOLDENEN Strahl, sind für euch hier tätig. WIR haben den Auftrag, euch von der Ordnung des GEISTES in UNSERER Ebene zu berichten. Dies ist der Plan, und viele Fragen werdet ihr erfühlen. Bleibt weiter in LIEBE und GEDULD, das, was den GROßEN GEIST bestimmt!

In tiefer Liebe
der Meister El Morya

Liebe ist Prana

Ihr geliebten Kinder, von dem Plan, der durch dieses Buch SEIN Wissen lenkt, ist heute die Rede.

Wenn alle Vorarbeit geleistet und der Große Aufgestiegene MEISTER KONFUZIUS das Werk einer vollkommen Reinen ER- Nährung bekanntgeben darf, wird euer Wissen aus alten Zeiten sich schnell öffnen, und das „AHA" ist des Staunens wert. Folgt jedem Tag, da WIR hier geben, sehr aufmerksam. Langsam sollte alles von euch aufgenommen werden, so wie WIR durchgeben. Macht auch Pausen. Jeder Geist benötigt FRIEDEN, der auf allen Ebenen und in allen Körpern sich ausdehnen sollte, bevor ihr die Informationen aufnehmt. Weshalb?

Ist der Geist des Mentalkörpers mit unwichtigen Dingen oder Ball-Last des Tagesgeschehens beschäftigt, kommen Energien, welche die anderen Körper ablenken, ins Schwanken. Ihr kommt somit aus der Balance. Wie nun verhalten sich diese, wenn der Geist abschweift? Gefühle werden frei, und so sind Erinnerungen, die der Ätherkörper öffnet, zu stark als Ausschüttung zu sehen. Diese kann das Bewußtsein nicht schnell genug „sortieren".

Das hat nichts mit Intelligenz oder gar Dummheit zu tun. Zu viele Erinnerungen kommen auf einmal. So entsteht Ablenkung. Was ist zu tun, um sich auf gegebenes Wissen, gleich aus welcher QUELLE, zu konzentrieren? RUHE.

Die gesamte Atmosphäre ist wichtig, um diese Handlung und geistige Vorbereitung mit einzubeziehen. Musik, wenn sie gehört werden möchte, muß den Klang des FRIEDENS ausströmen (sanfte Musik ohne Worte). Alles, was euch einengt (Kleidung) muß im Bereich SONNE – Solarplexus angenehm und nie einengend auf die Organe wirken. Weshalb?

Ihr geliebten Kinder, wenn ihr Wissen erhaltet, ist immer die SONNE, der zentrale Punkt, eingeschaltet, besonders viel Energie zu senden. An alle ELEKTRONEN eures SEIN!

Euer SEIN ist Leben. Alle ELEKTRONEN eures SEIN sind Informationsträger und schalten bei der Aufnahme von UR–Wissen auf Empfang. Ist alles beengt, kann Wissen nicht fließen. Fließen heißt hier weitergeben an alles, was eure Körper bestimmt: Organe, Muskeln, Nerven und das Gehirn, alles, was zu eurem SEIN gehört. So ist bei jeder Handlung, geistig oder physisch, alles eingeschaltet, der gesamte Komplex in Tätigkeit.

Ihr geliebten Kinder, von dem Plan, der dieses „Buch" bestimmt, hat die HÖCHSTE QUELLE Folgendes geöffnet:

Körper, Seele und Geist haben, bevor sie zur Einheit in eine neue Form (erneute Wiedergeburt in einem physischen Körper) gebracht werden, die Aufgabe, ihre ELEKTRONEN zu ordnen. Alles, was ein VOLLKOMMENES SEIN einer neuen Inkarnation bestimmt, muß vorher empfangen und g e o r d n e t werden. Der HOHE GEIST des Lebens bringt alle Informationen in jedes ELEKTRON ein. Doch nicht alles wird für ein Leben geöffnet. Würde dies geschehen, würde euer Geist verwirrt werden. Denn für diesen Planeten sind Entwicklung und Fortschritt, die wichtigsten Gaben eines Individuums, geplant. So kommt ihr als kleines und heranwachsendes Wesen, das alles weiß, weshalb es kommt, doch langsam –Schritt für Schritt – nur erkennen kann. Je nach Aufgabe des Weges.

Ist der GEIST bereit, dieses Wesen als neuen Erdenträger in das physische Leben zu geben, geschehen noch viele große Ereignisse. Von All- ER- HÖCHSTER QUELLE wird dem GLAUBEN an das Gute einer jeden Seele, dem es begegnet, der Segen gegeben. Alles, was das Wesen erleben wird, kann nun mit dem wahren GEIST eines jeden Einzelnen kommunizieren. Wie geschieht dies? Und weshalb soll dies sein?

Wenn ihr eure Telepathie und mentales Senden von Gedankenformen wieder in **wahrer** Form erlernen würdet, gäbe es dieses Chaos nicht, das durch Unordnung im Geist geschieht. Euer Geist <u>ist</u> Rein, doch die Gedankenformen können nur so senden, wie ihr es bestimmt!!

Ist der Geist Rein und in LIEBE mit klarem und sauberem Wortschatz ausgestattet, kommt alles, was ihr sendet, in LIEBE zu euch zurück.

WIR helfen euch in Reiner Form, lenken euch, um euch auf diese vollkommene Ebene zu führen. Doch alles bedarf eben dieser Entwicklung, bei einem schneller oder langsamer beim anderen. Wenn alles, was ihr euch vorgenommen habt, sofort geschehen würde, gäbe es nur Chaos. So wollen WIR euch damit zum Ausdruck bringen, daß die Zeit, die Ruhe und das bewußte Aufnehmen von altem Wissen sehr bedacht vorgenommen werden muß. Alles hat seine Aufgabe. Jeder Tag eures SEIN ist Plan.

Wird von euch schnell gewandelt und ist eure LIEBE stark, wird der Plan sich ebenso entwickeln. Seid ihr müßig und gebt euch viel oder zu viel Zeit, um zu erfassen, was es heißt, frei zu sein von Enge, kann der Plan stagnieren. So kommt es zu Begriffen wie: „Erfolg oder Misserfolg". Ist der Körper frei von falschem Wortschatz, ist Freiheit für die Seele gegeben. Euer Plan heißt, diesem Planeten zu dienen. Jetzt, in dieser Zeit, hat Er besonders viel zu erdulden. Viele alte und schwere Lasten, die von den Menschen nur am Rande bemerkt werden, gilt es zu lösen. Nicht nur Gruppen- und Völkerkarma sind zu lösen und umzuwandeln, auch das Schicksal des Wesens ERDE hat Karma.

In diesem Universum gilt es, nach der Ordnung zu leben. Also ständige Bereitschaft, etwas tun zu müssen. Weshalb müßt ihr lernen, in die alte Ordnung zu kommen? Einige werden hier „denken": „ICH BIN gut, tue nur Gutes und lasse einen jeden so wie er ist". **Das ist Lethargie!**

Ist wirklich alles in und um euch „im Reinen?" Lebt ihr in Wahrheit, LIEBE, FRIEDEN und Sauberkeit, innen wie außen?

Diese Frage müßt ihr euch sehr ehrlich beantworten. Wenn alles SEIN, das diesem Planeten dient, so wäre, hättet ihr nur FRIEDEN. So sind eure Aufgaben, ihr geliebten Lichtschüler, von besonders hoher Anforderung an euer HÖCHSTES SELBST. Weshalb?

Wenn gerade ihr erkannt habt, wie diese Welt leidet, wieviel getan werden muß, um Sie zum wahren Leben Ihres SEIN zu führen, könnt ihr euch vorstellen, wie

groß eure Aufgaben sind. Großes habt ihr als Information aller ELEKTRONEN gefordert, und ebenso ist
die Entwicklung zu sehen. Denn nur wer erkannt hat,
kann helfen. So wurde einst und für alle Zeit das Gute
in euch fest verankert. Alles ist GUT. Doch das, was
ihr das „Böse" nennt, ist nicht weniger GUT. Würde
diese Form von euch nicht erkannt werden, wäre der
Geist tot. So ist Leben und das, was ihr Tod nennt, das,
was es heißt zu erfassen. Ist ein Mensch an der Grenze
dessen, was er sich für dieses „Leben" vorgenommen
hat zu tun, darf ER das Leben aus dem physischen
Körper nehmen, um alle anderen Körper in SEIN SEIN
aufnehmen zu können. Viele Wesen, die ihre Aufgabe
hier als zu schwierig sehen, sind oft von der Qual des
Chaos so traurig, daß ihr Ruf nach Erlösung erhört
wird. Doch wie kann das nun von euch verstanden
werden?

Dies ist ein Problem von nicht verstehen „wollen".

WIR sagten, daß der Geist Rein ist. Doch Informationen auf der physischen Ebene (Zeitungen, TV u.s.w.)
lenken diesen Reinen Geist von seiner Aufgabe ab. Jedes
ELEKTRON speichert vollkommene und unvollkommene Informationen gleichermaßen ein. Überlagert falsches oder unvollkommenes GUT dieses ELEKTRON
(ein jedes ELEKTRON), kann es zu einer Überlastung
von Unreinheit kommen. Da jedes ELEKTRON
eures SEIN nicht das gleiche Potential geöffnet hat,
um eurem Körper zu helfen, in der Einheit zu bleiben,
kommt es stellen- oder flächenweise zu Ausfällen. So
entstehen Unwohlsein, Übelkeit u.s.w., ihr nennt es
Krankheit. Wird der Körper weiter und weiter belastet,

kann die Seele nach Befreiung schreien. Wird ihr Ruf immer erhört? Nein.

Ist es ihr „Wille" gewesen, an Unvollkommenem zu lernen, wird ihr Hilfe angeboten, von irdischer Ebene (Arzt, Heilpraktiker, Heiler). Wird wieder und wieder diese Hilfe abgelehnt, missachtet, ja, sogar weiter im gleichen Muster weitergelebt, ist KRANKHEIT die Folge.

Ist mit viel LIEBE und Fürsorge der gleiche Weg gezeichnet, ja zu viel geben und um andere sich „sorgen", hat der VATER allen SEIN, das Heilige ICH BIN, sich eingeschaltet! ER zwingt diese Seele zur Ruhe. Für diese Zeit der Ruhe erhält der Körper eine Scheinkrankheit. So kommt es, daß viele eurer hochentwickelten Seelen, die ihr Ärzte nennt, keine wahre oder geringe Anzeige von Entzündungen oder Ausfällen der Organe finden! Was ist dies? Krank sein und doch nicht krank sein?

Ihr geliebten Schüler, von denen, die niemals aufhören, zu tun oder zu helfen oder sich zu „plagen", ist hier die Rede. Alles, was dieser Planet bekam, ist im Rhythmus der Tages- und Nachtzeit zu leben. Sie, die ERDE, ist diesem Rhythmus angepasst. Doch die Menschen halten sich nicht an diese Ordnung. So war am Anfang das LICHT und ging wie der Atem zurück, und es blieb so viel LICHT, daß das BLAU so dunkel wurde, um die Körper im Schlaf, dem Ruhezustand, nachts zu nähren, mit LIEBE.

BLAU, von tiefem BLAU, ist hier die Rede. Das Dunkel der Nacht ist die Reine Gabe von LIEBE, um sich von vielen äußeren Einflüssen zu erholen. ER sendet in der Nacht alles, was der Mensch benötigt, um diesem Planeten zu helfen:

LIEBE, LIEBE, unendlich fließende LIEBE,
LIEBE IST PRANA.

Ohne diesen ständigen und unendlichen Fluß von
LIEBE könnte kein Wesen leben. Doch alles, was der
Ordnung den Stempel von Freude, Glück, Zufriedenheit
und Wohlstand gab, ist verrückt worden. Lange, lange
Zeiten mußten vergehen, daß dies so kommen konnte.
Das Chaos ist nicht mit einem Atemzug entstanden
und kann nur mit GEDULD wieder in die Ordnung
gebracht werden. Helft ihr mit? Ist es auch euer Wunsch,
diesem Wesen, welches das schönste aller Wesen sein darf,
was in diesem Universum alle Engel und Lichtwesen
erfreut, zu helfen? WIR, die Großen Brüder, die eure
wahren Gefühle jetzt sehen, sind gekommen, um euch
allen zu helfen.

Es bedarf keines geschulten und gelehrten Geistes,
es bedarf nur der LIEBE zum FRIEDEN. FRIEDEN,
der aus dem HERZEN in alles SEIN gelenkt werden
muß, auch in das Unvollkommene, das ihr die *Finsternis*
nennt. WIR nennen es das „unbewußte" SEIN, das sich
vom LICHT getrennt hat und Qualen des Leids fühlt.
Diesem, auch in der LIEBE des GEISTES entsprunge-
nem SEIN müßt ihr sehr, sehr viel LIEBE senden. Hier
ist das, was WIR ersehnen: den wahren FRIEDEN für
alles SEIN. Ist es zu schaffen?

Wenn du bereit bist, ist das die Rettung für alles, was
wieder in SEINER Vollkommenheit sein wird. Nur du
allein kannst das helfende SEIN sein, das fehlt, um die
ERDE zu retten. Glaube an dich. Glaube an die Kraft
(LIEBE) die dich stärkt und erhält. Glaube kann sich

durch Wissen und Weisheit stärken. Beginne nicht morgen. Jetzt ist die Bereitschaft in dir.

WIR segnen euch alle, die ihr erkannt habt, und die, die ihr durch euren Segen in das LICHT führt. So ist es. WIR lenken alles, was ihr ruft, um euch zu unterstützen, herbei. Nur Mithelfen ist eure Aufgabe. Finde deinen **GOLDENEN STROM**, der fest verankert ist im HERZEN der HÖCHSTEN QUELLE wieder. SIE IST DIE GABE DEINES ICH BIN.

Euer euch liebender
Meister El Morya

Kraftquell Erz – Engel

Im Namen der HÖCHSTEN QUELLE und des ALLERHEILIGSTEN sollt ihr erfahren, was es heißt, im strengen Plan der Ordnung und doch leicht zu leben.

Als der Plan der Ordnung für diesen Planeten feststand, wollten viele diesen Ort meiden. Jeder, der von feinster und reiner Struktur war, empfand, je wie man empfinden konnte, dies als QUAL. Wer, so glaubt ihr, war wohl bereit, sich diese von selbst aufzutragen? Ihr glaubt, es waren viele? Nein. MEINE HOHEN LICHTEN WESEN konnten in IHREN klaren und vollkommenen Gedankenformen nicht nachvollziehen, daß ein Planet, der EDEN heißen sollte, von Wesen, welche die Herrlichkeit liebten, so mißbraucht werden würde.

Nun, es waren sehr wenige, **12** an der Zahl. MEIN GEIST konnte die anderen nicht ermuntern, sich für dieses „Lernprojekt" zu entscheiden. Doch diese **12** waren von besonderer Struktur, waren die Ältesten, die Mächtigsten und von großem Fleiß, MEINE Ordnung zu erhalten. Ihr, die Erdenbewohner, nennt SIE ERZENGEL. Ja, es war eine kleine Gruppe und doch von so hoher AUSSTRAHLUNG, daß alle IHNEN zugeteilten Brüder voller Ehrfurcht IHRE große Schwingung, den Heiligen Ton **OM**, auf die größte Entfernung wahrnahmen.

SIE waren MEIN GEIST, MEIN STROM, MEINE GNADE, MEIN ALL. Wenn SIE einen Auftrag übernahmen, konnte ICH MICH mit anderen Aufgaben befassen. SIE waren fest und TREU. So gab ICH IHNEN den Auftrag, die Welt mitzuerschaffen, mit Eifer und dem Mut, dies als MEINEN Plan zu offenbaren. Alles, was es galt, für die ERDE zu erschaffen, wurde gewissenhaft geordnet. Die Natur, die Tierwelt, alles, was Leben erhalten sollte, mußte dem Heiligen Klang, dem OM, angepaßt werden. Die Wesen, die von fester und für euer Ohr und Auge von starrer Natur sind, bekamen besonders viel LIEBE (Steine u.s.w.), denn sie mußten besonders viel Geduld aufbringen, ob der langen Wartezeit von Äonen, bis sie weich oder beweglich sich in der Natur zeigen durften.

Von allen Lebewesen, die ICH ERschaffen habe, liebte ICH besonders die TIERE, die in ihrer Herrlichkeit als besonders liebevolle Wesen alles SEIN durchstreiften und in ihrer Neugier, von Gestalt zu Gestalt, alles weitergaben, was ICH ihnen als Lernprogramm signalisierte. Was nun, fragt ihr euch, sollten diese 12 Fürsten tun? IHRE imposante Erscheinung floß als Einheit ein in das Leben des Planeten. Alles wurde am Anfang mit IHREM Segen durch MICH belebt. Der GEIST MEINES SEIN durchforstete alles, was ICH MIR für diesen Planeten erfüllt hatte. LIEBE, GNADE, FRIEDEN, FREUDE, WAHRHEIT, DISZIPLIN, in der Ordnung zu bleiben, war MEIN Wunsch für das gesamte Erdprogramm. Ja, ihr lest richtig, PROGRAMM. Alles, wenn es richtig fließen sollte, mußte ein Programm erhalten. Dies ist so, dies bleibt so in Ewigkeit. Weshalb?

Nun, seht nur, wenn ihr das gesamte Naturgesetz erkennt, in seiner wahren Form erkennt, dann werdet ihr verstehen, daß es sich nur ohne Chaos leben läßt, wenn Ordnung herrscht. IN JEDEM BEREICH.

So entstanden für die Natur und die Lebensformen, die hier auf der ERDE leben, die Natur—Gesetze. Vom wahren F luß und dem fließenden Atem des Lebens wurde so die **Zeit** geboren. Wenn alles fließt und die Gesetze sich an MEINEN Plan halten, ist der Fluß immer Evolution und als Wahrheit zu erkennen. So kann nur nach <u>vorne</u> gesehen werden und wenn ihr im Glauben der LIEBE lebt und ohne Angst, die nicht von MIR erschaffen wurde, nach <u>vorne</u> gegangen werden. Dreht sich nun das Leben, dreht sich auch die ERDE, und ihr seid in der Lage, euch zu drehen, deshalb könnt ihr auch alles um euch herum erkennen. Möchtet ihr das sehen, was hinter euch liegt, müßt ihr euch umdrehen und seid nicht mehr im Fluß, doch noch im Programm des Planes. So gab ICH euch Freude, alles vor euren Augen, der Sehkraft, zu erkennen. ICH gebe euch den Atem, ihr gebt MIR den Atem zurück. So sprach ICH niemals davon, den Atem anzuhalten, um etwas zu <u>er</u>- forschen. MEIN Atem, das sich immer bewegende Leben, das, was WIR PRANA nennen, ist nicht zu halten. Haltet ihr euren Atem an, kann etwas, was ihr nicht erkennt, in den Zellen unterversorgt sein, was mit wichtigem Lebensstoff versorgt werden muß. Gebt ihr viele von anhaltenden Befehlen (Atem anhalten), wird das Wichtigste für euch, MEIN GEIST, blockiert (z.B. Ohnmacht). Möchtet ihr dies?

Wenn ihr langsamer, etwas bedachter und mit Konzentration atmet, kann sehr starker Lebens- und Farbstrom fließen, PRANA.

MEINE geliebten Kinder, MEIN GEIST hat dem Leben eines jeden Individuums den Plan beim Eintritt in diese „Welt" offenbart. In jedem ELEK-TRON eures SEIN ist der Klang MEINES gesamten Programms fest eingeprägt. Jeder von euch findet alles wieder. Ein jeder zu seiner Zeit. So kamen die Ströme des Erwachens für diesen Planeten als HEILIGES CHRIST SELBST, um alles, was ICH gab, zu erforschen.

Ihr geliebten Schüler, Schüler des GEISTES der HÖCHSTEN QUELLE allen SEIN ICH BIN, was ist dies und wofür, wenn es heißt, alles soll sich entwickeln, dem Fortschritt angepasst werden?

Viele, viele Bewohner, die diesen Planeten im GEIST des EINEN mithalten, sind MIR für alle Aufgaben gefolgt und verwalten alles GUT. Sie waren bereit, dem Chaos, das zum Plan des Planeten gehört, zu folgen. Leid, Mißgunst, Neid, Wut, Zorn und Haß sollten „geübt" werden. In den Zeiten des Anfangs war nicht von Überheblichkeit und Tugendlosigkeit die Rede. Doch in der Folge von Loslassen von LIEBE kam dem HOHEN GEIST nicht mehr das Wahre entgegen: die LIEBE.

Die Wesen, die erkannten, daß Macht ohne LIEBE auch Erfolg hat, beschlossen, mit ihrer Art diesen Planeten zu regieren. MEIN GEIST reagierte in LIEBE, die 12 reagierten in LIEBE, doch der Geist der umnebelten finsteren Gedankenformen setzte sich mit dem Wissen, das sie von MIR hatten, durch. So entstand ein Schleier von Trauer. Er zog über alles mit sehr leichtem Flor, und nur wer stark und voller LIEBE war und blieb, konnte sich diesem Flor von Unvollkommenem entziehen.

Es waren wenige, doch SIE gaben nie auf. Immer mehr riefen und forderten SIE IHRE Brüder im LICHT auf, IHNEN zu helfen. Ja, auch hier kamen nur die Stärksten, um IHNEN zu helfen. Wenige und doch genug, um IHNEN die Stütze und den Mut zu bringen, den SIE benötigten, um das Band der LIEBE zu MIR zu erhalten. ERZ– ENGEL von den Strömen des HEI-LIGEN GEISTES erschaffen. In GOLDENES LICHT eingehüllt, das MICH zeigte. MEIN Schutz für alles, was MICH lebt und mit MIR geht, ist GOLD. Das ist der GEIST der HÖCHSTEN QUELLE. SIE kamen, um die Heerscharen von Helfern euch zur Seite zu stellen, und das war die Rettung des Planeten. SIE, die ENGEL, sind Hingabe. SIE, die ENGEL, sind von Reiner LIEBE und bleiben Reines und hingebungs-volles LICHT, das WIR das GOLD–WEIßE LICHT nennen.

Von dem Tag an, da SIE alle von MIR freigegeben wurden, um der Welt IHREN STEMPEL zu prägen, kam Bewegung von so großer Schwingung ob IHRER großen Zahl in dieses Universum. Alles floß schneller, hatte sich bald als großer und lichter Fluß um alles SEIN gelegt und forderte immer mehr LICHT. Doch ICH hatte IHNEN niemals vorher diese Macht der LIEBE als Schutz erteilt. SIE sind so Rein und voller Freude und FRIEDEN, daß SIE aus IHREM GEIST, der MEINER ist, alleine beschlossen zu handeln. SIE gaben allem Leben Schutz. Für alle Zeit. So kam es, daß WIR SIE die **SCHUTZENGEL** des Lebens, eines jeden Lebens, nen-nen. Ohne SIE und IHRE große, niemals schwindende LIEBE könnte kein Leben existieren. Ja, dies ist von euch allen immer wieder erkannt. In jeder Situation, die nicht in der Ordnung ist, kommt IHRE große LIEBE zum Fließen und erhält euer SEIN.

Als die ERZENGEL dies erkannten, waren IHRE HERZEN so voller LIEBE, daß SIE beschlossen, SIE, die SCHUTZENGEL, für immer zu bewachen. Ein jeder fand für sich das ausströmende LICHT, das sich in vielen Farben ergießt als SEIN Zeichen, das jeder SCHUTZENGEL sofort erkennt, egal was im Körper des Gesamten, den 8 Körpern (mit Aura), nicht in der Ordnung ist. Die, die sich nicht als die Beschützer von IHNEN fühlten, hielten IHRE Gabe zur Verfügung und wachen an allen Himmelsrichtungen über ALLE, 8+4.

Nun kam das LICHT, das aus den großen ZEN-TRALSONNEN floß in starken Strömen zu den 7 Körpern und der Aura als klarer Strahl. Es sind 7 Hauptfarben, die jeden Körper durchdringen, BLAU-GOLD, GELB-GOLD, ROSA-GOLD, WEIß-GOLD, GRÜN-GOLD, RUBIN-GOLD, VIOLETT-GOLD, und das **GOLD** fließt mächtig in die Aura als Schutz.

Wie nun entstand das Feld der anderen, die auch beschlossen, in diesem System zu helfen? Alles mußte vom EINEN austreten. Alles mußte, so der Mensch sagt, registriert werden. Nur so konnte die QUELLE alles wiedererkennen. Der GEIST numeriert und so wurde der Fluß des Zahlensystems gegründet. Alles, was eine Einheit bildet, muß so von Anfang bis Ende numeriert werden. Auch alles Innewohnende eurer Körper. So ist jedes Teil eines jeden Lebens sofort von der HÖCHSTEN QUELLE zu erkennen. Alles ist so schnell und leicht erfaßbar.

Wenn Teile oder ELEKTRONEN eures oder eines Systems ausfallen, ist der Schutz des SEIN sofort auf Empfang und bereit, für euch zu senden. Pflegt ihr in allen Situationen oder Handlungen die Kommunikation mit eurem SCHUTZENGEL, sind durch diese bewegenden Energieformen (Gedanken) die ENGEL, die euch zugeteilt, aufmerksam und Helfer eurer Handlungen. Alles wird sofort weitergegeben, da alles SEIN ein GEIST bestimmt. MEIN GEIST.

Die Informationen, die weitergegeben werden, sind von so hoher Geschwindigkeit, daß ihr euch nur erinnern braucht, um zu erkennen, wie schnell euch in der Not von IHNEN geholfen wird, und ihr glaubt, <u>ihr</u> habt schnell reagiert. SIE haben schnell reagiert.

In tiefer Liebe
der Meister El Morya

Evolution

Vom Fortschritt der Gaben, die UNS euch so nahe bringen, geben WIR nun den Plan bekannt. Als das LICHT für die ERDE sich ausdehnte und alle ERZEN-GEL sich bereit erklärt hatten, dem Planet EDEN zu helfen, kamen in dieser Flut von GOLDENEM LICHT „Heerscharen" von lichten Wesen. Freude und Einigkeit herrschte im All. Was sollte dieser Erde geschehen, wenn so viel Bereitschaft zum Helfen auf dem Pfad der Evolution war. Nun, mit der Flut von Gaben aus dem LICHT hatte der Plan begonnen zu wirken. WIR sahen nicht nur LIEBE, WIR fühlten auch eine gewisse „Unruhe" wachsen. Dies machte das große EINSSEIN zunichte. Keines von den LICHTWESEN hatte dies je erwartet. Alles, was SIE bisher kannten, war FRIEDEN. IHRE Körper waren nicht erschaffen, um sich gegen unvoll-kommene Gedankenformen zu wehren. Doch dies erschwerte IHRE Freude. Es zog so manches von den kleinen LICHTWESEN in diesen Bann von „Böse". Doch böse waren sie nicht. Sie, welche die Macht der LIEBE zwar kannten und doch aus ihrem Forscherdrang alles ablehnten, was LIEBE wollte!

Was sie „wollten", wußten sie selbst nicht, und so kam es über Zeiten und Zeiten, daß nichts geschah. Der Planet hatte einen Plan, der von allen Seiten betrachtet, nicht zum Einsatz kam. Das, was hier geschah, war tiefes Entsetzen über <u>Nicht-Tun</u>.

Ihr geliebten Kinder, wenn ihr dies erkennen könntet, was es bedeutet, sich treiben zu lassen, „nichts zu tun". Dies ist die höchste Gefahr von Vergeudung an PRANA. PRANA, die lebendig und voller wahrer, Reiner Energie ist. SIE ist das Leben. Ist PRANA in Lethargie, ist das, was ihr Chaos nennt, dabei, sich auszudehnen. Ist der Strom des Menschen an dem Punkt der Lethargie angekommen, geht das Leben langsam, doch stetig, aus allen Zellen eures SEIN. Dies ist die Gefahr für alle Körper, dies läßt die Aura von allen „Seiten" porös werden. Leben heißt <u>Bewegung</u> schaffen. PRANA hat den Auftrag, alles SEIN zu erhalten. Das PRANA- ELEKTRON lebt und belebt immer. Seht nur die Flut von Energie, öffnet ihr eure Hände und hebt sie empor. Sie werden sofort warm. Dies ist der starke Fluß von heilender PRANA. Weshalb die Hände? Sie sind die nehmende und gebende Form eures SEIN. Nehmt oft und gebt gerne wieder ab. So seid ihr ständig im Fluß.

Als das LICHT sich zusammenschloß, um die ERDE in das Reine Weiße Lichtgewand zu hüllen, hatte das, was ihr „Böse" nennt, sich in dem Planeten schon ausgedehnt. Sie wußten, wie die Formen der Reinheit in ihrer Energiegestalt aussahen, denn auch sie waren als Wesen der HÖCHSTEN QUELLE entsprungen. Sie hatten die Formen erkannt und gaben sich diese Gestalt. Folgte nun ein Lichtwesen dem Schattensein, hatten beide das gleiche Gewand. Hier entstand das, was ihr als Schatten seht. Denn vor diesen Zeiten gab es nur durchsichtiges LICHT. Alle Formen gaben dem Schatten keine Bedeutung. Doch durch das immer dichter werdende Formgewand des physischen Körpers wurde auch der Schatten dichter und dichter. Alle Formen hatten so einen Begleiter, den sie nur als Schatten erkannten.

Das Leben auf diesem Planeten ist von einer gewissen Dichte, die ihr ERDE nennt. Diese ERDE hat alles in die Form der Dichte zu bringen. So müssen eure Körper erdig sein, um zu überleben. Nur wer zu leicht (zu wenig physische Nahrung), nur wer zu licht (**zu viel** LIEBE und lichte Gedankenformen), muß **vor** seiner Bestimmung diesen Planeten verlassen. Das hat alle LICHTWESEN in eine Situation des Erwachens gebracht. Wollten SIE, die ENGEL, dem Planeten EDEN helfen, **mußten** SIE den Erdenkörper annehmen. So geschah es, daß große Formationen von ENGELN die Gestalt der Erdenwesen annahmen. Was das für SIE bedeutete, hat kein Gefühl der Natur wiedergeben können. SIE, die Reine LIEBE waren, hatten jetzt „Körper".

Ihr geliebten Schüler, das, was dann für Äonen sich zeigte, war ein sich langsam entwickelnder Plan von <u>aus der Ordnung</u> fallen. Weshalb, fragt ihr euch, mußte dies sein?

Die Gabe des Vollkommenen hat dem Unvollkommenen folgen müssen. Um ihnen, die aus der Ordnung gefallen waren zu helfen, mußten SIE „zum Schein" diese Zeiten mitmachen. IHRE Energie hat sich niemals geändert. SIE, die Engel, blieben LIEBE.

Wie kann wahre Wandlung geschehen, wenn über so lange Zeiten sich das Chaos ausdehnt?

Als die Zeit der unvollkommenen Gabe erschöpft war, denn im Innern der Erde setzte sich <u>auch</u> die LIEBE und das LICHT durch, hatte der VATER den Erdenmenschen als Ausgleich die FREIE ENTSCHEIDUNG als Retter in allen Situationen geschenkt. Alle, die mit langen Anstrengungen und Entbehrungen sich plagten, hatten das LICHT der LIEBE niemals vergessen. Denn der GEIST, der aus der HÖCHSTEN QUELLE allen SEIN flutet, gab Ihnen, die dies „wollten", die Vision der LIEBE immer wieder in die Erinnerung. Funken von auflodernder Hingabe und das so selten empfundene Glück im HERZEN zu spüren, wurde von ELEKTRON zu ELEKTRON weitergegeben. Kettenreaktionen von Liebesschwingungen erreichten die Wesen, die noch nicht so lange wie die ERSTEN diesem Planeten dienten. Sie hatten noch frische Erinnerungen an das HÖCHSTE, das All-umfassende GOLDENE LICHT.

Es war GUT. Es war LIEBE. Es strömte immer und immer, ohne sich aufhalten zu lassen. Der GEIST hat alles immer wieder in dieses GOLD gehüllt, es beschützt und dadurch das Leben erhalten. So, wie es floß und stärkte, hat es dem Menschen die Aura voller Reiner Gaben an GOLD geschenkt. Daß dies von jedem Wesen zu fühlen war, doch nicht sichtbar für die physische Sehkraft, diente dem PLAN. Würdet ihr dieses GOLD sehen, würde und müßte es euch blenden. Alle Farben werden in ihrer wahren Form und Kraft gefiltert. Alle!

So habt ihr, die ihr lichter und immer lichter wurdet, durch die Erinnerung des GEISTES an euer wahres SEIN mehr und mehr und ohne zurückzublicken, <u>euch selbst</u> geholfen!! Dies war und ist der Plan. Sehet nach vorne und folgt dem Plan der Umwandlung.

Lebt ihr aufmerksam und blickt nicht zurück, lebt ihr Evolution. Gebt ihr dem Neuen und vor euch Liegenden

<u>viel</u> mehr Aufmerksamkeit, wird altes Karma schneller gelöscht. Es ist so.

Der GEIST ist Evolution. Denkt ihr nach vorne, denkt ihr Zukunft. So einfach und doch für manchen von euch so schwer, da Evolution Bewegung bedeutet und Lethargie von Leichtigkeit verdrängt werden muß. Für euch, ihr geliebten Schüler, die ihr schon erkannt habt, ist dieses Wissen, das euch an die Ausdehnung des LICHTS und der LIEBE erinnern soll, gedacht. Haltet für die, die noch schlafen, immer den Strom der LIEBE bereit. Denn Bereitschaft für das GUTE ist <u>GUT</u> erhalten. Ist auch, GUT erhalten!!! So sind Geben und Nehmen immer im Einklang mit der HÖCHSTEN QUELLE.

Sagt ihr:

„ich bin der Fluß der HÖCHSTEN QUELLE. Ich bin Fluß", ist es nicht möglich, Unwohlsein zu fördern. Denn der Fluß beinhaltet alles: LIEBE, FREUDE, FRIEDEN, GNADE, WOHLSTAND und alle Formen, die dem positiven Wortschatz eurer Sprache entspringen. So sendet das LICHT auch zu den unvollkommenen Wesen!

„ICH BIN der Fluß der LIEBE, die **alles** SEIN durchströmt.

ICH BIN der GNADE Fluß, der **alles** SEIN erhält".

In tiefer Liebe
der Meister El Morya

Geist

Heute ist der Tag der Vollendung; so beginnt einen jeden Tag, denn jeder ist vollkommen in SEINER Schöpfung, ist SEGEN in allem SEIN.

Vom Heiligen Strom der Erkenntnis, des Wissens und der weisen Gaben kommt heute für euch Schüler die Lenkung. Als der Gnadenstrom eines jeden Wesens diese Worte hörte, kamen sie in Strömen, um sich an des GEISTES Segen zu erfreuen. Wie?

Ihr geliebten Kinder, von der Zeit der Heiligen ICH BIN-Gegenwart ist heute die Rede. Weshalb, glaubt ihr, sind eure Gefühle so stark, wenn ihr Menschen oder Tiere in Not seht, davon hört, daß Zorn oder Haß sich in Krieg ausdehnen? Es ist so lange her, daß der wahre FRIEDEN diese Welt beseelte. Alles, was davon in eurer Erinnerung ist, ist so sehr verkümmert, daß eure Seelen in Trauer jenes Gefühl wieder in euer Bewußtsein lenken. Was ist zu tun, um diesen Zustand des vollkommenen FRIEDENS wieder zu erreichen?

Nun, für eine Zeit von „einem Jahr" oder „zehn Jahren" ist dies nicht zu erwarten. Dies ist oft nicht mal in euch selbst zu erreichen. Doch es muß sein, daß ihr euch darüber „Gedanken" macht, daß es für immer sein soll. Für diesen Zustand habt ihr euch in dieser Zeit entschieden. FRIEDEN für euch und alles SEIN.

Mut ist Gnade, und viele fühlen, daß es gerade diese Zeit des beginnenden Neuen Jahrtausends sein wird, die das Gros der Menschheit mit dem Friedensbanner versieht. Was kann von einem Einzelnen, ja, jedem von euch getan werden?

Beginnt zu prüfen, wie fängt euer Tag an! Ist FRIE-DEN schon beim Erwachen? Habt ihr Angst vor dem Neuen, das auf euch zukommt? Privat oder im Beruf? Habt ihr Wege zu erledigen, die euch in Situationen bringen, die euch beängstigen? Nun, diese gilt es mit UNSERER Sicht in eine lichte Bahn zu lenken.

Was ist zu tun und wer kann euch dabei helfen? WIR. Wenn ihr nicht viel mehr von UNS wisst, als daß WIR „Geister" sein sollen, dann können nur Bedenken und Unglaube entstehen! WIR sind mehr. WIR SIND!

So nehmt in euer Bewußtsein Folgendes auf. Ist ein Mensch erschaffen, ist ein Wesen erschaffen, gleich wo und wie es leben soll, entsteht GEIST. GEIST ist Äther und um diesen geht es. Diese Form von GEIST hat den Auftrag, sich zu formen. Es entsteht eine Form. Diese Form hat eine Zusammensetzung aus unsagbar vielen ELEKTRONEN. Jedes ELEKTRON enthält die gesamte Information des SEIN. Es ist eine vollkommene EINHEIT, weshalb? Wenn aus dem GROßEN GEIST, der alles SEIN ER- schaffen hat, SEIN Atem: ihr sagt Odem fließt, ERschafft ER immer VOLLKOMMEN-HEIT, ER ERschafft sich.

So ist es, daß alles SEIN, gleich wie es sich formt, immer durch diese hohe Information an Wissen sich wiedererkennt. Wozu? Der GEIST hat dem Leben das Gleiche geschenkt, wie ER selbst ist. Darum heißt es in den Heiligen Schriften aller Welten: „Liebet euren Nächsten wie euch selbst." Niemand kennt den wahren Erbauer des SEIN. Auch WIR nicht. Seid ihr in Hochachtung vor euch selbst und dem Nächsten, ist der FRIEDE sicher.

Doch höret, was zu sagen ist. Wenn sich der Geist eines jeden ELEKTRONS belebt, legt sich in jedes einzelne das, was ihr Leben nennt. LIEBE ist der Träger eines jeden Lebens. Nur durch sie sind diese Wesen, diese vollkommenen Individuen sicher und tragen voller Glück den gesamten Kosmos und alles Wissen in sich. Kommt es nun zur Formierung eines Menschen oder irgendeines Planetenwesens, in eurem oder anderen Universen, haben sie den Auftrag, die Energie in sich frei zu setzen, die zu dieser Form zugelassen ist. Nicht alle Informationen können auf einmal zugelassen werden, da sonst das, was ihr erarbeiten oder erdienen nennt, nicht geschehen kann. Kammer für Kammer öffnet sich, und es fließt das, was gerade benötigt wird, heraus. Für jeden das Richtige und im Plan der Inkarnation bestimmt. Durch das Miteinander und Abstimmen mit dem GROßEN GEIST, den ihr GOTT nennt, ist die Offenbarung für das Erdenleben gegeben. Eure Seele und euer Geist, die sich für diese oder jene Art zu leben entscheiden, beschließen für sich selbst, wo und wie sie leben möchten. Hat sich dies mit dem GROßEN GEIST der HÖCHSTEN QUELLE als Bereitschaft in Einstimmigkeit geklärt, kommt es zu einer Ausschüttung von ELEKTRONEN, die alle zu diesem Wesen Mensch oder anderen gehören.

Alle ELEKTRONEN finden sich zusammen, so, wie es beschlossen ist. Es entsteht das, was ihr „ÄTHER-KÖRPER" nennt. Dieser ÄTHERKÖRPER weiß, was zu tun ist. Er kennt Seinen Plan und hat alle Erinnerungen in sich. Doch können sich alle Erinnerungen dem Bewußtsein, dem Mentalkörper, dem Geist öffnen? Nein. Ist dies Absicht oder gar Boshaftigkeit, daß nicht ein jeder zur gleichen Zeit <u>alles</u> weiß? Nein. Was wäre, wenn alle Menschen und Wesen das Gleiche denken, fühlen oder handeln würden? Es wäre ein Heil-los-es Durcheinander. Durcheinander denken und handeln ist so undenkbar, daß Ordnung niemals sein könnte.

Ist nun der Ätherkörper erschaffen, um eurem gesamten SEIN die geplanten Energien zu offenbaren, entsteht der „Geist" aus ihm, der MENTALKÖRPER. Er denkt und plant nach dem Gesetz, wie ihr es gewünscht, und doch ist er nicht in der Lage, alle Pläne zu erfüllen. Geht ihr in die Inkarnation, ist das, was ihr Gefühl nennt, auch aus dem Ätherkörper entstanden: der EMOTIONALKÖRPER!! Diese beiden Körper: Mental = Denkkörper und Emotional = Fühlkörper, sind mit so viel Energie ausgestattet und ergeben den Plan, daß sie beide ständig handeln. Denken - Fühlen.

Alles geschieht schnell. Oft zu schnell. Denn alles fließt aus dem Äther. Für jeden ist das, was ihr PHYSISCHEN KÖRPER nennt, als Plan für dieses System ERDE gegeben, erschaffen. Er muß dem Organ der ERDE angeglichen werden. So besteht ihr aus viel Erdigem und viel Wasser. Aus der Materie der ERDE erhaltet ihr Nahrung; aus dem Innern und dem, was sie oben (Früchte u.s.w.) abgibt. Ist dies nicht der Fall, muß der Mensch sterben. Alles jedoch, was so erschaffen, wie es zur ERDE gehört, kann euch nähren.

Auch das, was „künstlich" erschaffen wurde, versteht! ES IST ERSCHAFFEN. Es ist Schöpfung. Alles kommt

aus dem GEIST, denn nur der GEIST (Äther) gibt
frei. So ist der physische Körper das Instrument, auf
dem alles zur Nachahmung bestimmt ist, was aus dem
Ätherkörper fließt. Jede Erinnerung aus alten Zeiten,
jede Erfahrung aus vergangenen Leben hat sich fest in
die Form eures Ätherkörpers eingeprägt (manifestiert).
So kommt es zu ständigen Erinnerungsmomenten. Ein
jeder ist des anderen Lehrer.

Wenn ihr mit der Erkenntnis, die ihr von anderen
erhaltet, nicht einverstanden seid, kommt es zu Blockaden, die ihr „lernschwierig" nennt. Nicht jeder muß des
anderen Lehre annehmen. Aus Trotz, aus Ablehnung?

Nein, eines jeden Lernprogramm ist anders, und doch
werdet ihr oft in Gruppen zusammengeführt. Das ergibt
einen Sinn! Ist euer Leben nicht von den anderen als
Lernwesen erkannt, kann es zur völligen Ablehnung
der Gesellschaft kommen. Nur durch das Miteinander-
prüfen, was „will" ich erlernen, habt ihr die Möglichkeit
zu studieren - der eine vom anderen, und dies kann weitergegeben werden. In diesem oder im nächsten Leben.
So ist das Gesetz! Nichts geht verloren. Für jedes einzelne
Leben erhaltet ihr die Wahl, alles, was ihr jetzt seht oder
hört, zu nutzen oder für später zu speichern! Jeder Form
ist alles erlaubt! So heißt es beim Kommen: ICH BIN
alles SEIN. ICH BIN von ALLEM geprägt.

Alles SEIN in euren Körpern ist mit dem GEIST
aus der HÖCHSTEN QUELLE für jeden Einzelnen
geprägt. Jedes Wesen erhält seine eigene Form. Aus diesem Grund können getauschte Organe nur für kurze
Zeit in Eurer Einheit „leben". Wenn der Körper seine
Bestimmung erkannt hat, muß das „Teil" wieder zur

bestimmten Einheit zurück (wird vom fremden Körper abgestoßen). So einfach es sich anhört, so kompliziert ist dieser Vorgang.

Ihr geliebten Kinder, der KAUSALKÖRPER, der durch 3 Einheiten im SEIN am Ursächlichsten sich zeichnet, ist der QUELLE in der Ursubstanz am nächsten. Hier sitzt die wahre „Natur" und die klare Erinnerung an Eure Herkunft. Diese 3 Körper „leben" in euch die Liebe. Durch sie prägt sich in jedes Elektron die Handlung der Liebe ein. Hier ist der Ursprung eures SEIN, verbunden mit dem feinen Band, das ihr die Silberschnur zu GOTT nennt.

Der KÖRPER DES HÖHEREN BEWUßTSEINS (5. Körper), ist den 4 Lern- und erdhaftigen Körpern am nächsten. Aus diesem „Körper", der in jeder Sprache anders benannt wird, fließt der GLAUBE. Er hat sich noch niemals vom HOHEN GEIST getrennt. Er durchströmt eure 4 Lernkörper mit dem Strom des Glaubens an das Reine Wissen. Mit dieser Einheit zu kommunizieren ist von All-ER-höchster Wichtigkeit. Ruft ihr GOTT oder das GÖTTLICHE in euch auf, den Glauben in euch zu verstärken, ist es sofort geschehen. Er lenkt eure Aufmerksamkeit mit hohen Energien auf äußere Dinge, die euch beflügeln, mehr über den Glauben zu erfahren. Er lenkt Energien zu euch, wo ihr euch oft fragt: „War dies Zufall?" Diesem Körper, den jedes Wesen hat, müßt ihr viel Beachtung schenken! Er lenkt nur das Gute in euer Leben. Seht ihn als einen Träger eurer wahren Gefühle an. Alles, was aus den 4 festeren Körpern zu ihm gesandt wird, wird von ihm in eine Hülle des wahren Erkennens gelenkt.

Bei unvollkommenen Handlungen entstehen Zweifel. Zweifel sind Prüfungen. Um Zweifel nicht als Angstgefühl des „falschen" Handelns entstehen zu lassen, schaltet sich der KÖRPER DER HÖHEREN GNADEN (6. Körper) ein. Folgt dem Strom der LIEBE und ihr werdet feststellen, daß ihr „Gefühle" von hoher Qualität in euch fühlt! Wie geschieht dies?

Auf dem langen Weg eurer Erinnerungsentwicklung habt ihr viel lernen müssen, mit der LIEBE umzugehen. Freude, Glück, Gefahren oder Kämpfe sind als Lernprogramm von jedem ausgetragen worden. Alles, was ein „Mensch", Tier oder eben Lebewesen des SEIN erkennen sollte, war: ist die LIEBE mein Ziel? Erhalte ich von dieser LIEBE ebenso viel wie die anderen? Ja.

Erinnert euch an den Ätherkörper! Er hat alle Aufzeichnungen eurer Erfahrungen und weiß doch nur einen Teil, eben den Teil der jetzigen Inkarnation. Doch mit dem Wachsen und Erwachsenwerden öffnet sich Zelle für Zelle und läßt Erinnerungen frei, die guten und weniger guten. Dabei wird immer Erinnerung an gelebte LIEBE frei. Nicht jede Verkörperung ist nach des Heiligen **CHRIST SELBST** Wunsch verlaufen. Viele „Kämpfe", die ihr gelebt, haben die Erinnerung an die LIEBE, euer wahres SEIN, verdrängt. Zerstört kann Sie niemals werden, dafür ist der KÖRPER DER HÖHEREN GNADEN erschaffen (6. Körper).

Er trägt das Bild eures wahren SEIN und lenkt euch auf Geschehnisse, die euch an der Stelle berühren, die euch die „Tränen in die Augen treiben", das HERZ! Es ist der Spiegel eurer Seele. Es trifft niemals zu, wenn ihr sagt: „Der oder jener sind herzlos." Das gibt es nicht, denn nur die Erinnerung an bestimmte Handlungen von AUßEN sind die Re- Aktion dieser Wesen. Sie haben oft lange Zeiten mit den „Gefühlen" umgehen lernen müssen. Und ihr? Habt ihr nicht auch schon Handlungen vollbracht, die man herzlos nennen könnte? Gebt diese Energie niemals frei. Denn jede Seele, jedes Wesen hat einen KÖRPER DER HÖHEREN GNADEN. Er ist sauber. Er ist die höchste Stufe der gnadenvollen Erlebnisse. Diese Handlungen prägen sich hier ein. Das Ausstrahlen dieses Körpers kann von euch mit der LIEBE zu sich selbst oder zum anderen, zu allem SEIN geschehen. Dieser Körper benötigt viel LICHT, viel SONNE, viele Farben, um zum Leuchten gebracht zu werden. Sind die Farben eurer Kleidung **frei von Schwarz**, ist dieser Körper schnell geheilt, wird er zu einem wichtigen Botschafter eures SEIN. Alles, was hier von der Natur gegeben wird, fließt als Segen in diesen Körper. So auch die Bewegung im Freien und der Natur, die euch hier belebt.

Wenn ihr in Gruppen zusammentrefft und viele von euch diesem Körper lange keine Aufmerksamkeit gaben, ist die „Schwingungsenergie" von Ablehnung oder Ausweichen geprägt. Doch sind sie weniger gut als ihr? NEIN. Im Gegenteil, sie sind so gut wie ihr, gebt ihr ihnen augenblicklich euren Segen. Segnet alles SEIN, das euch begegnet, wo ihr das Gefühl von Störung eures Selbst fühlt. Mit dem Segen von euch erleuchtet deren KÖRPER DER HÖHEREN GNADEN. Der Segen fließt aus diesem zu euch zurück und euer SEIN wächst noch schneller. Alles, alles, was ihr anderen sendet, gleich in welchen Körper oder in das gesamte SEIN, ist Rückfluß und erreicht eure Körper. Doch nicht nur durch euren Segen wächst der andere. Sie oder er haben selbst für sich zu sorgen. So ist dies nur Hilfe oder Unterstützung durch selbstloses Handeln oder Dienen. Begreift und handelt oft, täglich! Segnet, segnet, segnet!

Diese Gnade, die diesem „Körper" gegeben wurde, ist dem Verzeihen und Vergeben unterstellt. Er verzeiht alles. Er ist die Gnade, die ihr senden könnt. So hat der Wandel, der euch gegeben werden kann, alles SEIN erreicht und WIR können euch helfen. Nur wenn ihr verzeiht, wirklich verzeiht, ist die Gnade über jede Handlung, jedes Wort gelegt und dies wird von dem, was ihr euer **HÖHERES SELBST** nennt, als Freude empfunden und ausgestrahlt werden!

Legt sich diese Freude auf euer Äußeres, ist das Lächeln in jedem Zug der äußeren Handlung zu sehen, eure Augen beleben sich und das Lächeln wird stärker und stärker. Zwingt euch nicht dazu. Denn das HERZ hat die Gabe, das wahre Lächeln ohne „Hintergedanken" zu senden. Lächeln kommt aus dem HERZEN!

Was nun ist das HÖHERE SELBST, das ein jeder von euch so gerne „sehen" oder erkennen möchte?

Es ist der **KÖRPER DES ALL-UMFASSENDEN LICHTS EURES SEIN** (7. Körper), All-umfassend. So groß ist diese Kraft, das sie von keinem von euch mit bloßem Auge, auch nicht der geistigen Sehkraft erkennbar ist. Das HÖHERE SELBST passt sich dem Reinen GOLDENEN LICHT aus der HÖCHSTEN QUELLE an und ist deshalb niemals von ihr getrennt! Aus diesem Grund sagt ihr: „Wir sind alle EINS." Ja, das stimmt: WIR SIND ALLE EINS!

Sind WIR EINS, so fragt euch, weshalb ihr euch „bekämpft" oder nicht im FRIEDEN seid! Nun, diese Frage ist von höchster Qualität und wird zu einer anderen Zeit beantwortet.

Doch höret und erfahrt von diesem EINS sein.

Als der GROßE HEILIGE GEIST DES ALLWISSENDEN URSPRUNGS dies so wollte, wusste ER um die Belange des Planeten EDEN. ER wusste, daß einige von den Wesen, die ER ERschaffen, sich von IHM abwenden würden. DAS WAR DAS SPIEL. Ein SPIEL, das immer eine Lösung hat. Es geht immer alles auf. Doch nicht für jeden zum gleichen Zeitpunkt. Ist das SPIEL eines Tages ganz beendet, haben alle einmal und für immer gewonnen. Es gibt niemals Verlierer. Das ist SEIN Plan. Alle, ja, geliebte Schüler, alle gehen zu IHM zurück. WIR, die Aufgestiegenen MEISTER, haben alles gesehen und erlebt und wissen um manchen „Schachzug", der ausgetauscht wird. Habt ihr es verlernt? Nein, ihr tragt das **UR-Wissen** in euch. Und so geschieht jeden Tag etwas Neues und Überraschendes, das ist das SPIEL der Freude, das Mitmachen, das in LIEBE leben. DENN KEIN WESEN IST OHNE LIEBE. Das HÖHERE SELBST kennt **Sein** SEIN und so handelt es auch. In Reiner LIEBE. Werden nun Gedanken oder Gefühle freigesetzt, ist dieser Körper schnell aus der Balance und ihr erhaltet „Kopfdruck". Dies geschieht von Sekunde zu Sekunde. So geben WIR euch den Rat: Faltet oft, nicht ineinander, sondern aneinander, die Hände und sprecht zu eurem KÖRPER DES ALL- UMFASSENDEN LICHTS.

„ICH BIN vollkommen in LIEBE mit mir."

Diese LIEBE, die ihr euch augenblicklich gebt, gleich in welcher Situation, hilft euch, sofort in eurer Mitte, in der Balance zu sein. Diese LIEBE, von der WIR sprechen, ist die unendlich fließende PRANA.

Ihr geliebten Kinder, der Plan des gesamten SEIN eures SEIN ist fast vollkommen, doch von der AURA geben WIR euch morgen. So gehet im FRIEDEN in die Welt eures SEIN.

In tiefer Liebe
der Meister Kuthumi

Die Aura

Von der AURA, dem All-umfassenden Schutz (8. Körper), eines jeden Wesens, ist heute die Rede.

Ihr geliebten Schüler, von der Gnade, die diesen Körper durchströmt, dürfen WIR berichten. Als der Segen für alle Körper und jedes ELEKTRON bei der Erschaffung gesendet war, hatte der GEIST des Erschaffens eine Aufgabe an die HÖCHSTE QUELLE gestellt: Schutz, den absoluten Schutz, zu erschaffen. So, wie alle Planeten mit diesem LICHT (GOLD) versehen, so wurde auch der Mensch und alle anderen Wesen mit dieser Energieform gesegnet.

Ihr geliebten Kinder, viele, viele, die in ihren HERZEN das wahre GUT des geliebten VATER(s) allen SEIN erhalten haben, sind an dem LICHT, das aus dem HERZEN strömt, erkennbar. Diese AURA ist Schutz, das HERZ ist das weitsichtbare LICHT, das nur so weit zu sehen ist, wie LIEBE gesendet wird. Ist der Mensch in seinem Kern gut, sind Handlungen, die nicht als besonders gut gelten, trotzdem im Fluß der LIEBE. Vieles, ihr geliebten Kinder, wird mit dem Maßstab des menschlichen „Denkens" anders gesehen. So auch diese AURA. Wenn ein Mensch die AURA eines anderen sieht, sieht er nicht die AURA, sondern das LICHT, das vom HERZEN ausströmt. Dies ist die geglaubte Erscheinung der AURA. Es ist das, was ihr die weitsichtbare HERZENSFLAMME nennt. Diese ist für die Menschen erkennbar!

Die wahre Aura, der Schutz eures gesamten SEIN, ist mit dem „Auge" nicht erkennbar. Haltet dieses Licht der Aura immer aufrecht. Erbittet das All- umfassende Licht um vollkommenen Schutz für euer gesamtes SEIN. Reines GOLD ist der wahrhafte Schutz, das unaufhaltsam in dieser Aura pulsiert.

Diese Gabe, die euch in jedes ELEKTRON gesandt wird, bleibt mit dem GEIST des HÖCHSTEN immer EINS. Können diese Ströme sich wieder entfernen, werdet ihr euch fragen? Sie gehen nicht als Schutz verloren, doch flacher und leichter werden sie. Durch die von euch noch zu erlernenden Prozesse werden euer Mental- und Emotionalkörper von den Reinen Gedankenformen abgelenkt. Ist Ablenkung möglich, weicht auch wieder Atem des GOLDENEN LICHTS. Für jedes Wesen ist das Schutzlicht, in dem es sich befindet, um allem Unvollkommenen standzuhalten, genug, um sich sicher zu fühlen. Weshalb muß der Schutzfilm erneuert und immer wieder erneuert werden?

Ist das, was WIR euch geben, erkannt worden, ist der Mensch auf dem Weg des Aufstiegs und lebt mit der wahren Form der LIEBE, kommt es zu kleinen oder großen Konfrontationen der anderen mit ihm. Menschen, die nicht so in der LIEBE leben, haben Angst vor diesem LICHT, das sie von euch LICHTARBEITERN empfangen. Angst ist der Schlüssel zu dem, was von der „Finsternis" und ihren unvollkommenen Wesen geschürt wird. Angst kann sich in vielerlei Formen zeigen. So auch in Wut oder lautem Ausdruck. Doch hütet euch, alles so einfach zu sehen, denn die Form des Angstzustandes muß genau erkannt werden.

Wenn Formen von Unvollkommenen sich dem LICHT nähern, haben WIR die Aufgabe, euch - oft in der Nacht oder auch am Tag – darauf aufmerksam zu machen. So ist das, was WIR euch als Erkennen geben, eine Änderung der Energie. Hitze oder Schweißausbrüche, Holz als Träger des Tons (Knacken bestimmter Möbelteile) oder in der Nacht als Schlafunterbrechung (wach werden aus schweren Träumen).

Wesen, die aus den Reichen der „Finsternis" kommen, sind ebenso wie ihr LIEBE. Alles, was sie vergessen haben, ist, wie gehe ich um mit meiner LIEBE. So gab es über lange Zeiten keine Schulung für sie. Sie konnten nicht inkarnieren und ihre Lasten, die sie tragen, nicht ablegen. Was ist nun diese Form und wie nennen WIR sie?

Als der GROßE GEIST auch sie vor Äonen in SEINER LIEBE erschuf, gab ER ihnen klar zu erkennen, daß das LICHT ihr Ziel ist, ES zu erkennen und sich von IHM angezogen zu fühlen. Doch wie, wenn sie diese Erinnerung nicht hatten, sollten diese mächtigen Wesen, das LICHT erkennen?

Durch euch, ihr geliebten Kinder! Ihr, die ihr von Leben zu Leben auch geprüft wurdet und wachsen konntet, wurdet durch sie oft angehalten, s c h n e l l e r zu wachsen. Sie gaben in ihrer Unwissenheit vielen von euch falsche Informationen. So entstand das Chaos. Dies sollte über lange, sehr lange Zeiten, nicht erkannt werden! Denn hier ist der Punkt, an dem das GESETZ sich einschaltet. GUT und „Böse" sind gleich und ausgewogen. Doch wer sich als Mensch bereiterklärt hat, diesem Planeten zu dienen, hat auch die freie Entscheidung von GOTT erhalten, sich für dieses oder jenes zu entscheiden.

So haben diejenigen von euch, die ihr HERZ immer und immer als Mittelpunkt ihrer Taten erkannten, geholfen, daß viele von ihnen, ja so viele, wie ihr nicht Bewohner auf dieser ERDE habt, erlöst werden konnten. Wie, fragt ihr euch?

Eben durch die LIEBE. LIEBE ist das Schlüsselwort für alles Leben.

LIEBE ist Leben. WIR haben in den Zeiten, da das Chaos sich mehr und mehr ausdehnte, euch niemals verlassen. UNSERE Form ist so weit und so Rein, daß, wenn viele von euch UNS rufen, WIR bei einem jeden von euch sind, in allen Universen. LIEBE ist das Zauberwort der Macht, Gutes zu tun. Durch die langen Zeiten und die vielen Schulungen, die ihr zwischen den Inkarnationen erhalten habt, ist eure LIEBE auch zu ihnen gewachsen. Nur wer frei ist von Angst, kann sie s e h e n! WIR, die Brüder, die aus dem LICHT kommen, sind mit so viel Freude um euch, da ihr erkannt habt, daß WIR alle ihnen helfen müssen. Auch sie sind Unsere Brüder. Ein jeder ist in seiner wahren Form R e i n.

So habt das Gefühl, Gutes zu tun, jeden Tag, wenn ihr sie segnet, sie in eure LIEBE hüllt und ihnen durch die Helfer des LICHTS, die **ENGEL**, das Gefühl von Sicherheit gebt. Die Sicherheit, wenn sie bei euch sind, das einzig Wahre zu erkennen: SIE SIND LIEBE.

Ist es möglich, für sie mehr zu tun, da eure HERZEN erkennen? Nein. Denn ihre Form hat dies so gewollt, selbst das LICHT zu entdecken.

Frage: „Was, wenn sie uns hindern wollen, Gutes für die Menschen zu tun?"

Ihr geliebten Kinder, schickt sie niemals weg! Verbannt sie niemals zurück in die „Finsternis". Haben sie den Weg bis zu euch oder euren Tempeln erreicht, sind sie der Erlösung so nahe, daß sie durch eure LIEBE endlich erlöst sein können. Das ist Freiheit!

So kann es durch Unwissenheit an eurer „AURA" zu leichten Verletzungen oder Beschädigungen kommen. Doch es ist nicht Absicht, euch bewußt zu schaden! Sie sind unwissend. Haltet besonders viel LIEBE und ENGEL des Segens, des FRIEDENS und der Gnade bereit, sie in Empfang zu nehmen, wenn sie sich euch genähert haben.

Dieses Thema findet ihr noch oft von UNS als Mahnung, GUTES zu tun. WIR sind im HERZEN und von der Qualität des GEISTES alle EINS. Doch jeder im Moment so, wie er es erfüllen muß.

ICH BIN vollkommen in Liebe mit ALLEM

In tiefer Liebe
der Meister El Morya

Meine Botschaft

Im Namen der HÖCHSTEN QUELLE, der QUELLE allen SEIN ICH BIN, fließt ein mächtiger Strom von dunklem **VIOLETT** unaufhaltsam durch alles SEIN. Ihr nennt es das umwandelnde VIOLETTE LICHT. Was, ihr geliebten Kinder, ist dies aus eurer Sicht?

Als der Geist des Aufgestiegenen MEISTERS SAINT GERMAIN diese Flammenkräfte euch näherbringen durfte, hatte die ERDE seit Äonen Qualen und Pein durch ihre Bewohner erduldet. Sie rief den GEIST um Hilfe an. Was konnte für Sie getan werden, als eine große Kraft von Umwandlung und Reinheit zu senden? Wie erlangt man Reinheit, wenn die Menschen, die ihr helfen sollten, nicht wußten, was getan werden muß?

Große Wesen, die ihre Bedeutung für dieses LICHT erhalten hatten, wurden eingesetzt, um das „Feuer" der Umwandlung erkennbar zu machen. So geschah es, daß Einige inkarnierten, um die Menschen zu führen, sie zu lenken und aufmerksam zu machen auf den großen Wandel der kommenden Zeit. Alles, was sie zu tun hatten, war ein Wissen zu öffnen, das lange Zeiten verborgen blieb. Doch nicht alle Menschen verstanden, was sie tun sollten, und so entstanden Verzögerungen, die dem Planeten wieder Schaden zufügten.

Diese Wesen, die von euch in vielen Zeiten erkannt und anerkannt wurden, lenkten die Wenigen von Leben zu Leben. Sie bildeten Gruppen, und ein GRUPPEN-GEIST beseelte ihre Aufgabe. Zeiten über Zeiten kamen diese „Gruppen" wieder zusammen. Sie hatten so viel Erwachen in sich, daß sie sich immer wieder fanden, in ihrer LIEBE zum Planeten sich erkannten und auch das Band der Zusammengehörigkeit fühlten. Was war geschehen, daß so große Formationen von Gruppen, wie ihr sie auch in dieser Zeit erlebt, sich immer wieder trafen?

Der GEIST hatte die umwandelnden VIOLETTEN FLAMMEN bis in diese Zeit gelenkt. Alles, was es zu tun gab, war, die LIEBE auszuströmen, die allen Strahlen, gleich welcher Farbe sie angehören, zu eigen sind.

Das umwandelnde VIOLETTE LICHT hat die Höchste Macht der LIEBE erhalten. ES ist das „Mittel", alles SEIN immer wieder in den UR- Sprung des Erkennens zu führen. Im Strom des VIOLETTEN Feuers sind BLAU + GRÜN als Grundform enthalten. Diese beiden Ströme, BLAU + GRÜN, sind REINE LIEBE und Reine Form der HEILENDEN KRÄFTE, DAS LEBEN.

Vereinen sich LIEBE (BLAU) und Heilung (GRÜN), entsteht das umwandelnde VIOLETTE LICHT.

Diese Drei sind der Schlüssel zu allem, was von der ERDE benötigt wird. Es ist die Gabe des GOLD – VIOLETTEN Stroms, der dem Aufgestiegenen MEISTER SAINT GERMAIN zugeordnet wurde.

Ihr geliebten Schüler, von der Gnade dieses MEISTERS, der in vielen Zeiten die Führung großer Gruppen übernommen hatte, gibt es viel zu berichten. Alle GROßEN MEISTER durften sich erkennbar machen. In der Zeit, welche die stärkste Umwandlung mit sich brachte, hatte Er neben dem Großen Meister der LIEBE, den, den ihr JESUS CHRISTUS nennt, große Aufgaben zu bewältigen. Alle großen Führer dieser Zeit waren gekommen, um die Macht der LIEBE in die HERZEN der Menschen zu tragen, sie an diese Gabe, das Höchste GUT des Menschen und allen SEIN, wieder zu erinnern. Diese Aufgabe hat lange Zeiten benötigt, um die Früchte ihrer liebevollen Tätigkeiten zu erkennen.

Wenn viele Samen gesät werden und nur <u>ein</u> Same nicht aufgeht, ist keine Vollkommenheit der Ernte zu erkennen. So kamen sie wieder und wieder in neuen Körpern und brachten das Heil zu den Menschen. Brachten Gaben des „SEHENs", des „HÖRENs" und des „SCHREIBENs" mit, um das Wissen wieder über die Kontinente zu verströmen. Geist und Geist erkannte immer schneller, worum es ging. Die Gruppen sollten sich wieder finden und die Führer ihre Aufgabe erhalten. Weshalb ist in einer solchen Zeit der Umwandlung immer wieder von so großen Störungen wie „Krieg" die Rede?

Von den Wesen, die in langen Zeiten der Abwendung vom LICHT „lebten", wurden viele gesandt. Sie waren ohne Glauben. Was sie in ihrer Unwissenheit anrichteten, ist von UNS nicht aufzuhalten, da der Mensch erkennen muß! Seine Aufgabe ist es, die lichten Wesen und die Kräfte der LIEBE zu aktivieren. Die großen Ansammlungen von LICHT-ARBEITERN hatten es nie leicht, das, was störend wirkte, umzuwandeln. Tägliche Bereitschaft, die LIEBE auszudehnen und den Verlockungen der

Ablenkungen standzuhalten, waren Entbehrungen von großem Wert. Wer in den Zeiten der größten Angriffe (Krieg) bei seinem Vorsatz blieb, dem wahren GUT des SEIN zu dienen, wurde von UNS oft zu einem großen Medium entwickelt. Für diese Aufgaben zählt nicht die Herkunft, es zählt nur das HERZ; die Reine Gabe, die LIEBE, die über viele Zeiten erhalten geblieben ist.

So ist die Neue Zeit von vielen oft nicht anerkannt worden, da einige der großen Wesen in einfachen Verhältnissen leben mußten, um die LIEBE unter „das Volk" zu bringen.

Habt ihr die gesamte Form der Zusammengehörigkeit erkannt? Wenn ein jeder zu jedem in seiner Weise die LIEBE weiterträgt, ist ein Flor von Umwandlung als VIO-LETTER Strom erkennbar. Im Äther ist es VIOLETTES LICHT, das von vielen Hellsichtigen sofort vor dem Gei-stigen „Auge" gesehen wird. Was geschieht, wenn ihr die Flammen aktiviert? Wie ist dieses LICHT zu aktivieren?

Durch den Aufgestiegenen MEISTER SAINT GER-MAIN hat die Menschheit viel Literatur erhalten. Sie lenkt euch auf die Gaben der „Technik", um das umwandelnde VIOLETTE LICHT täglich anzuwenden.

ICH BIN die umwandelnde Violette Flamme,
die alles SEIN belebt, erhält und durchflutet.

In tiefer Liebe
der Meister El Morya

Reine Gabe

Ihr geliebten Kinder, über die Gaben (Durchsagen), die der VATER allen SEINs durch SEINE Kanäle lenkt, ist viel von den Menschen „spekuliert" worden. Weshalb, fragt ihr euch, müssen so viele Kanäle senden? Aus der Wahrheit fließt viel Wissen, und ihr müßt genau prüfen, wem habe ich zu glauben! Ist es nur ein Strom (Mensch), oder können alle SEINE Gaben erhalten?

So wisset:

Wenn ein Strom Rein lebt, mit dem HERZEN den Segen an alles SEIN sendet, in allem SEIN das Wahre erkennt, hat der Kanal **SEINE** Wahrheit erkannt. Wenn alle Kanäle Rein und nach SEINER Lenkung leben würden, hätten alle Wesen, die SEINE Gabe vermitteln dürfen, leichte Arbeit. Doch dies ist nicht so.

Denn von den Gaben, welche die Menschen in Form von Milch, Fleisch, Suchtmittel, Nikotin und Alkohol zum „Beleben" zu sich nehmen, haben die Menschen nicht die Reinheit in jedem ELEKTRON ihres SEIN.

ER lehrt in jedem Land anders. Ja, ihr geliebten Kinder, in jedem Land! Alle Länder und ihre Bewohner sind hier, um einen Zweck für diesen Planeten zu erfüllen. Weshalb muß nun dieser Unterschied gemacht werden?

Milch ist ein Entgiftungsprodukt des Tieres. Alles, was von der Milch verarbeitet wird, trägt Giftspuren, die aus der Unreinheit der Umwelt kommen. Weshalb ist die Milch für einige „Völker" von IHM erlaubt?

Wenn LIEBE gelebt wird, ist das SEIN viel Reiner als dort, wo „Hitzigkeit" und laute Worte an der „Tagesordnung" sind. Entscheidet je nach eurer Lebens- oder Nahrungsweise selbst, ob Tiermilch für euer „Leben" notwendig ist.

Ihr geliebten Schüler, für einen **Kanal** GOTTES ist es Pflicht, sich mit Reinheit, innen und außen, zu erkennen zu geben! Dies ist höchste Disziplin. Was nun, wenn das Instrument für sich anderes in Anspruch nimmt, ja, sogar vom MEISTER angehalten wird, entscheide für dich, was du für GUT empfindest? Seht, das ist die Gabe! Entscheidet sich der Schüler für 70%, erhält er 70%. Je nach seiner freien Entscheidung fließen die Gaben. Ist der Kanal klar, ist die Gabe klar. So einfach!

Die freie Entscheidung hat die HÖCHSTE QUELLE euch als das Höchste GUT gegeben. Das ist Fluß von 100%. Nehmt 100% in An- Spruch!

In tiefer Liebe
der Meister Kuthumi

Fluß im Sein

Ihr geliebten Kinder, von der Gnade des Flusses ist heute die Rede. WIR sagten, wenn alles an einem Tag wieder im Fluß SEINES SEIN wäre, gäbe es zu schnelle Auflösungen von Karma und Wiedergeburt, deshalb muß sich alles ausdehnen und wieder zusammenziehen.

Ebenso ist es mit euren Körpern! Für alle Organe, alle Venen und Blutbahnen ist ein genaues System gegeben. Für den Erhalt von klaren Gedankenformen und das Umsetzen von ihnen muß der Körper kühl sein. Ihr sagt: „Behalte einen kühlen Kopf." Was ist zu tun, wenn durch falsches Denken oder Handeln das, was für euch so wichtig ist, zu sehr erhitzt wird? Das Blut. Ebenso durch falsche ER- Nährung das Blut in eine Unstimmigkeit mit dem HERZEN, dem „Motor" eures gesamten SEIN, gerät? Von ständig zunehmenden Ungenauigkeiten sind die Adern mit der Zeit schwer. Alles, was dazu dient, sie geschmeidig und im Fluß zu halten, kann durch falsche Nahrung blockiert werden. So ist das ständige Auf und Ab des Lebensrhythmus' auch zuständig für Blockaden in den Zellen, welche die Ordnung für den Blutkreislauf herstellen. Was bedeutet das?

Ordnung, die euer Wohlbefinden fördert, um im Fluß des neuen Tages zu sein, muß am Abend eingeleitet werden. Gebt die verbrauchten und belastenden Energien durch Duschen mit klarem Wasser an die ERDE ab.

Verbindet ihr euch mit dem umwandelnden VIOLET-TEN LICHT, werden die Körper leicht und gehen in einen ruhigen Schlaf. Habt ihr ebenso Ordnung in euren Räumen, kann auch der Geist Ruhe finden. Bereitet ihr euren neuen Tag mit Ordnung vor, ist der Schlaf gut, das Blut leicht, die Venen weich und ihr seid im Fluß.

Bleibt ihr im Fluß, steht das HERZ niemals unter Druck. Somit fließt das Blut und das HERZ hat FRIE-DEN. Mit FRIEDEN im HERZEN gäbe es niemals Hoch-Druck. Doch was ist, wenn die Zellen tun „wollen" und der Körper zur Müßigkeit neigt (schwacher Blut-Druck)?

Auch hier liegt der Plan einer gewissen Unordnung vor. Falsche ER- Nährung ist das Übel, dem die Menschen sich oft hingeben. Wenn sie die Speisen und Lebensmit-tel, die Mittel, um das Leben in Freude zu erhalten, in klarer und korrekter Form zu sich nehmen würden, wäre „Faulheit" ein weiteres Wort, das eurem Sprachschatz fremd wäre. Was lange und zu lange liegt, „fault", sagt ihr. „Faulheit" ist Trägheit. Trägheit ist bewegungslos! Bewegt ihr euch in Maßen, ist der Fluß in euren Körpern, in eurer Blutbahn immer in Ordnung, und es gibt kei-nen „schwachen" Blutdruck (schwacher Blutdruck = Bewegungslosigkeit).

Wie ist dies zu ändern?

Wenn es im Körper fließen soll, wenn ihr „flüssig" sein möchtet, muß der Fluß in euch bewegt werden. Trägheit ist nur möglich durch Nichtachtung des eigenen SEIN. Achtlosigkeit ist niemals im Fluß von Nehmen und Geben. Eßt ihr zu viel, kann der Körper nicht schnell genug abgeben (abführen). Nehmt ihr zu wenig und erwartet, daß der Körper abgibt, seid ihr auch nicht im Fluß.

So ist das, was die ERDE in Bewegung hält, auch für euch am wichtigsten, WASSER. Gebt ihr dem Wasser eine kleine Prise Salz hinzu, ist es sofort wieder lebendiges „Meerwasser". Morgens benötigt der Körper die größte Menge Wasser. Wasser belebt den Geist. Wasser, Blut und Äther sind der Fluß des SEIN.

Ist das Blut, das euch als Lebenselixier gegeben wurde, zu träge, ist der Fluß eures SEIN zu träge und hält euch ab, das Leben zu genießen. Genuss ist Freude, und Freude ist Erkennen von Wohl-Stand.

In tiefer Liebe
der Meister El Morya

Das Wahre Erkennen

Im Gleichgewicht des Rhythmus bewegt sich die SONNE. Um einen genauen Plan zu erkennen, <u>wie</u> der Mensch seinen Lebensrhythmus einhalten muß, wäre nur die Natur zu beobachten und den Tieren ihre Ordnung abzusehen. Doch aus diesem Naturgesetz hat der Mensch sich durch Eigenmächtigkeit entfernt. Was ist zu tun, um wieder in diese klare Form zu gelangen, ohne dem gesamten SEIN, das sich seit langem einer falschen Ordnung zugewandt hat, zu entsagen?

Alles benötigt, um wieder in die alte Form zu gelangen, ein Mittelmaß an Erkenntnis. Für jedes Wesen, Volk, Land und für jeden Kontinent, welcher der ERDE, dem Planet EDEN, zugeordnet wurde, gibt es eine individuelle Form. Doch alles SEIN hat sich dem großen Plan anzugleichen. Das heißt, die große Ordnung heißt LIEBE. Ist LIEBE bei allem Tun, seid ihr frei von Chaos. Das, was ihr Unordnung nennt, ist im großen Geschehen <u>nur</u> aus dem Plan geglitten und leicht, durch A c h t - s a m k e i t zu allem SEIN, wieder zu ebnen.

Ihr geliebten Kinder, von einer leichten Aufgabe, dies zu tun, ist noch nie die Rede gewesen. Alles, was über Zeiten aus der Ordnung geraten ist, bedarf einer genauen Kontrolle des gesamten Ausmaßes. Viele, viele von euch haben schon erkannt…!

Wenn nur <u>ein</u> Mensch in LIEBE denkt oder in LIEBE handelt, ist es nicht möglich, daß dieser Planet im

SEIN sich auflöst. FRIEDEN, nur von einem Menschen gedacht und in LIEBE gesandt, löst die gesamte unvollkommene Struktur in LICHT auf. So haben die Menschen erkannt und begonnen, diesem System ERDE zu helfen und zu dienen. Im Laufe von vielen Zeiten kamen immer mehr, um in einer großen Formation den Segen auszugießen. Von den Planeten des LICHTS eurer Galaxie sind Freunde in Ihrer großen LIEBE zu euch gekommen und immer noch in eurem System (z.B. VENUSIANER).

Für die Aufrechterhaltung der ERDE, die so lange Zeiten sich mit dem Chaos beschäftigen mußte, ist viel LIEBE notwendig gewesen, um sie zu erhalten. Wie ist diesem Wesen geholfen worden?

Mit der klaren Erkenntnis, daß alles, was geschieht, für jeden zum Besten erfolgt. Ja, ihr geliebten Kinder, alles ist GUT. Denn die Prozesse der Lernaufgaben sind im System ERDE sehr schwierig, doch sehr leicht zu meistern, wenn der Mechanismus erkannt wird. Der Mechanismus, um etwas wieder in die Ordnung zu bringen, lautet:

LIEBE geben und LIEBE empfangen. Segen senden und Segen empfangen. Da alles dem gleichen Rhythmus von Geben und Nehmen unterliegt, ist nur dies zu befolgen, und der FLUß in eurem SEIN, um euch herum und in allem wird stärker und stärker!

Was ist zu tun, um dem einzelnen SEIN in euren Körpern zu helfen, das ihr ELEKTRON nennt? WIR sagten schon oft: Wenn Zellen, die aus vielen ELEKTRONEN bestehen, sich entladen haben, da ihr über lange Zeiten (Leben) aus der Ordnung eures „eigenen"

Systems gefallen seid, sich wieder beleben sollt, müßt ihr zuerst <u>mit euch</u> in LIEBE leben.

ICH BIN vollkommen in LIEBE mit mir.

Bleibt in Geduld, eure Angelegenheiten müssen langsam von euch für euch geregelt werden. Wenn ihr den Gedanken an LIEBE nur einmal in euer HERZ sendet und erfühlt, wie euch der Strom des Atems tief und stark erfasst, ist der Weg frei. Nicht das Bewußtsein muß es erfassen, nur das gesprochene Wort ist schon das Gegebene (Manifestation). Da Geben auch Empfangen ist, erhaltet ihr sofort zurück. Von euch an euch.

Ihr geliebten Wesen, LIEBE geben ist Leben. Wo Leben in LIEBE ist, lebt der Mensch, das Tier, die Pflanze, ja, alles SEIN in klarer und gesunder Form. Dies ist einfach, doch oft nicht sofort erkennbar. Nur wer gibt, erhält?

Nein, alles SEIN wird weiterleben, auch wenn es nicht in LIEBE lebt, denn der VATER allen SEINs liebt euch alle. Deshalb kann auch der, der sich nicht zur LIEBE bekennt, leben. Leben heißt hier, nur am Leben erhalten sein. Das, was LIEBE von euch selbst benötigt, ist eure SEELE, euer Höchstes GUT. Wenn diese LIEBE, die ihr selbst und bewußt in euer SEIN lenkt, durch alle Körper strömt und alle ELEKTRONEN belebt, auch zum HERZEN fließt, ist der gesamte Strom eures SEIN Rein und setzt sich von der Ätherebene langsam in den physischen Körper fort, GEDULD.

Nur die Gedankenformen, die wieder und wieder abgelenkt werden und aus ihrer Reinheit fallen, geben allem wieder das alte Muster der Erinnerung vom Chaos zurück. Fügt ihr vom Erwachen bis zum letzten bewußten Gedanken vor der Ruhe euch immer wieder Formen (Sätze) von LIEBE zu, muß der Plan eures SEIN ständig zum Wohlstand hinstreben und wird vollkommen gesund. Das ist ein Gesetz und fügt sich in die Ordnung ein. Wenn ihr dies erkennt, und ihr lebt nach der göttlichen Ordnung, lösen sich täglich alte, mitgebrachte Verstrickungen und Muster auf. Dies geschieht, ohne daß ihr euch fragen müßt: „Was löst sich?" Ihr werdet durch den Prozess von LIEBE geben und LIEBE empfangen automatisch frei von Ball-Last. Kleiner und kleiner wird die Last, die euren Organismus, eure Knochen, die Wirbel, die Nerven und das Rückrad belasten. Freier und freier, leichter und leichter wird das Gefühl, vom Leben geliebt zu werden, **da ihr euch liebt**!

Wenn alle Ströme (wenn!) sich diesem Gefühl der LIEBE widmen, hat die ERDE überlebt!

So, ihr geliebten Kinder, hat der Plan des Geschehens auch die Bahnen der anderen Planeten gelenkt. Alles kann nur in Harmonie sein, wenn Reine LIEBE fließt. Ist nun ein Strom von vielen äußeren Dingen „genervt", oder wie der Mensch sagt – entnervt, hat das SEIN die Balance des gesamten Organismus verloren. **NERVEN**, die nicht mehr in ihrer klaren Funktion tätig sind, verlieren die Balance zu den Muskeln, zu den Organen, zu den gesamten Zellen des SEIN. Für eine Erneuerung der verschieden Flächen, wo durch Angst, Pein, Ungnade oder Missbrauch von Mitteln dem gesamten Körper geschadet wurde, kann nur mit viel Geduld und immer wieder sich wiederholender Güte geholfen werden. Wie, ihr geliebten Kinder ist dies zu verstehen?

Als die Menschen noch nicht in diesem „Chaos" der
Gefühle und im Handeln gegeneinander lebten, brauch-
ten die NERVEN keine Unterstützung jeglicher Form
von Stoffen, die sie stärken mußten. Alles war LIEBE,
alles konnte ohne Angst miteinander sein. Jedes Wesen
wünschte sich für den anderen nur das Reine und wahre
Glück. So hatte kein Wesen das, was ihr Angst nennt.
Angst kam erst durch das Chaos. Hat der Mensch sein
SEIN geändert?

Nichts am SEIN des Menschen ist geändert worden.
Er, der Mensch, hat selbst Sein LICHT verletzt. Als der
Ungnade der Stempel der „Finsternis" gegeben wurde,
war vieles neu zu entwickeln. Wachsamkeit und Angst
wurden mit dem Kommen der Dunkelheit, die für den
Schlaf, die RUHE so wichtig ist, gegeben.

Angst ist ein Schutz und Wachsamkeit die Hilfe, diesen Schutz erhalten zu müssen. Lebt ein Wesen in
Angst, werden die Nerven zu allerhöchster Konzentration
gespannt und damit verbraucht sich ein sehr wichtiger
Stoff. Ihr nennt diesen VITAMIN B.

In langen Erkenntnissen wurde erforscht, woher dieser
Verbrauch in so hohem Maße kommt und erforscht,
wie wir dieses Mittel erhalten können, um uns wieder
und wieder zu stärken. Um den Abwehrmechanismus
N e r v zu stärken!

Wäre die LIEBE erhaltengeblieben, in jedem von
euch, wäre die Form des Tieres und seines Körpers (des
Tieres) auch nicht geändert worden. Tier und Mensch
lebten in HARMONIE, im FRIEDEN. So mußte, als
der Mensch die Tiere zu töten begann und zur Nahrung
nahm, auch ihm Kraft gegeben werden. Die Nerven des

Tieres bekamen einen Stoff, den der Mensch heute als „Vitamin B" bezeichnet. Das, was vom Tier als Einziges erlaubt, ist das Gewinnen vom NERV. Weshalb nun ist dies nicht in der Natur, den Pflanzen und Erdstoffen enthalten, <u>in der Menge</u>, die ihr benötigt?

Wenn der Mensch die Gabe der Natur wieder als SEIN Werk anerkennt und die Körper Reiner und Reiner denken und leben, bedarf es keiner „tierischen" Zusätze!

Ihr geliebten Kinder, viele von euch sind mit der Herrlichkeit der Entwicklung schon so weit, daß sie vielem, was vom Tier genommen, entsagen. Entsagt ihr vollkommen? Nein. Wenn ihr dieser ERDE helfen möchtet, darf kein Wesen das andere ver- oder beurteilen. In <u>fast</u> allem, was der Mensch für seine außer-körperlichen Funktionen benötigt, ist etwas vom Tier (Kleidung, Teppich, Möbel, Auto u.s.w.). Selten ist so viel Reinheit zu leben.

In Liebe
der Meister Kuthumi

Rhythmus im SEIN

(z.B. Tagesrhythmus)

Ihr geliebten Schüler, von der einen Gabe zur nächsten ist Fluß im SEIN, ist Rhythmus des Gebens. Fluß ist nicht nur Nehmen, er ist im ständigen Wechsel von Geben und Nehmen.

Ihr fragt euch, weshalb die Flüsse, die irdischen, nur von oben nach unten fließen und ständig aus ihr, der Erde, über das Mehr (Meer) wieder als Fluß zurückkommen. Der Fluß gibt der Mutter, und die Mutter der QUELLE immer wieder zurück, was **ER** ständig gibt. SEIN Geben ist Rhythmus. ER gibt und alles SEIN ist fließende LIEBE. LIEBE jedoch „will" zur QUELLE aus LIEBE zu IHR zurück.

Was ist nun gemeint, wenn WIR sagen, lebt im Rhythmus, esst im Rhythmus, denn dieser Planet unterliegt dem Rhythmus der Gezeiten?

FRÜHLING, SOMMER, HERBST und WINTER sind die bekanntesten Rhythmen, denen ihr auf der Erde angeschlossen seid. Warm, heiß, kühl, kalt. So ist der Mensch im Rhythmus des Flusses als Wesen „eingestellt". **Isst** der Mensch in diesem Rhythmus, kann der Körper, wenn die Nahrung stimmig ist, nur Gesundheit ausstrahlen. Der Fluß in euch, das Wasser, ist vom ständigen Geben in jede Zelle verbraucht. Ihr scheidet aus, also gebt ihr wieder zurück. Alles, was ihr gebt, hat nur dem Fluß zu dienen!

Ihr geliebten Kinder, folgt ihr dem Plan, den der Schüler dieses Systems vor jeder Inkarnation angenommen, ja, sogar erbeten hat, muß dem physischen Körper das Geben in <u>dem</u> Fluß des Rhythmus auch Nahrung zugeführt werden, um mit der Ordnung des Planeten stimmig zu <u>bleiben</u>. Morgens warme Speisen und immer wärmer werdend, bis zum Mittag. Am Nachmittag ist die Form des Körpers langsam wieder mit kühleren Speisen zu nähren, die zum Abend dann kalt gegeben werden müssen. Geht ihr in die Nacht und soll der Schlaf ruhig und ausgeglichen sein, benötigt der Körper dies als Vorbereitung mit kühlen oder kalten Speisen (z.B. Salat).

Ihr geliebten Schüler, vom System der Anordnung ist der Plan, morgens den Tag mit viel Wasser und Salz zu beginnen, um den Körper und die Organe zu beleben. Salz ist das Leben, Wasser bringt es in den Fluß und der Rhythmus ist lebendige Ausstrahlung. Alle Räder (Chakras) eures SEIN werden sich immer im gleichmäßigen Rhythmus drehen, belebt ihr Euch morgens mit viel w a r m e m Wasser und einer Prise Salz.

Werden salzhaltige Flüssigkeiten und Speisen am Vormittag und zur Mittagszeit gereicht, bleibt der Körper <u>und</u> der Geist aufmerksam und konzentriert. Mit der steigenden Sonne erhält der Planet die Kraft, die Natur zur Blüte zu bringen. Belebt ihr Eure Körper mit immer wärmer werdenden Gaben, erreicht ihr, daß eure Körper mit dem Lauf der Sonne ebenso erblühen und mittags durch Salz **noch** hellwach sind.

Auf die Gezeiten hat der Körper sich seit vielen Leben eingestellt und wird mit dem Rhythmus geboren, in welchem Land er inkarniert. Mit der Gabe der Speisen ist ein genaues System dem Körper geöffnet worden. So finden Austausch von Salzigem zu Süßem am Nachmittag statt. Ist die Natur vom Strom des Lebens belebt, ist die Frucht, die euch zur Verfügung steht, der Helfer, um die Zellen mit wichtigen Vitaminen noch einmal zu beleben. Dieses vitale Geben von Fruchtzucker hält nicht so lange an wie Salz, doch die Gabe (Frucht) ist Freude, und das findet im Fluß der Liebe (süß) seinen Austausch.

So wisset:

Im Rhythmus der Tagesordnung ist die letzte Speise, dem nun langsam abkühlenden Tag, auch als kalte Speise dem Körper zu reichen. Nehmt ihr am Abend zu warme Getränke oder zu scharfe und salzige Speisen zu euch, wird der Körper zu sehr belebt und findet niemals den erhofften ruhigen Schlaf. Ist die Nahrung zu spät, z.B. nach 20 Uhr gegeben, ist der Schlaf schwer.

Beginnt der Morgen mit schweren Beinen (zu viel Erde), muß das Herz sich „anstrengen" und kommt schwer in Gang. Ist das Blut am Morgen schwer, belebt den Rhythmus eures Körpers wieder mit viel Wasser und etwas Salz, (Prise). Er muß, wie das Meer die Erde belebt, wieder und wieder mit Wasser - Salz beginnen. Belebend wie die Flut, langsamer werdend, zurückgehend bis zur Ebbe und halten (Schlaf).

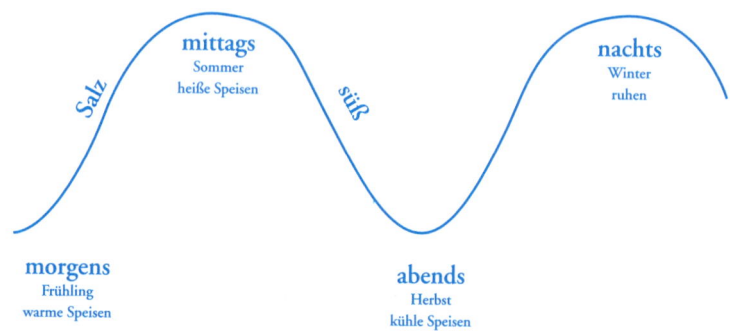

z.B.: morgens — Hafersuppe, Prise Salz
 vormittags — festere Nahrung, salzhaltig,
            warme Getränke
 mittags — warme Nahrung, salzhaltig,
            warme Getränke
 nachmittags — süße Freude, z.B. Obst, Kuchen
 abends — kalte Speisen und Getränke,
            z.B. Salat
 nachts — ruht und verdaut der Körper

Trinkt ihr Kaltes zu warmen Speisen, gerinnt das Fett und kann den Körper <u>nicht</u> verlassen (die sogenannten Fettpolster).

Der Tag ist wie die Woge im Meer, Fluß kommt, Fluß geht, immer im Rhythmus der Gezeiten.

In tiefer Liebe
Meister El Morya

Leben als Erdkraft

Vom Wissen des GROßEN GEISTES ist alles in jedem ELEKTRON eines Körpers gespeichert. Alles, was WIR euch an Information geben, muß nur in euch erweckt und langsam erarbeitet werden. Jede Information dient eurem persönlichen Fortschritt. Jeder von euch, ihr geliebten Schüler, wird etwas Neues entdecken. Vom Ganzen ist niemals für jeden das Gleiche offenbart. Das ist eine Regel, die es euch ermöglicht, daß alle sich gegenseitig ergänzen. So entsteht über Zeiten und Zeiten eine Kette von Erinnerungen, die von euch gebraucht wird, um zu wachsen.

Mit dem Grad der Erkenntnis fließt auch dem Einzelnen das, was ihr Wissen nennt, schneller und schneller zu. Erkenntnisse aus dem Reich des Wissens sind so grenzenlos, daß eine oder zehn Inkarnationen auf diesem Planeten nicht genügen, da ihr dieses Wissen auch weitertragen müsst - von Familie zum Freund, zum Nächsten. Mit dem Plan des großen Geschehens für das Leben auf diesem Planeten hat das System ERDE nur von einer Energie zu viel, ERDKRAFT.

Um diesen Planeten am Leben zu erhalten, benötigt Er die LIEBE der Wesen, die auf oder in Ihm leben. Die Menschen haben lange nur dem äußeren Wert ihre LIEBE gegeben. Für eine lange Zeit hat sich dadurch vieles, auf und in der ERDE, an großen und kraftvollen Energien abgebaut. Die ERDE mußte sich aufbäumen, und die Menschen erkannten sehr spät das Leid, das Sie ertrug. Vulkane geben Feuer und Zerstörung, und die ERDE trocknet flächenweise aus. Auch Sie ist ein Organismus, der, wenn er unterversorgt ist, zum „krank sein" neigt.

So ist mit dem Dienst, geliebte Schüler, den die ERDE durch viele von euch erhält, wieder Jahrtausend um Jahrtausend das Leben in Ihr erwacht, das heißt, durch eure LIEBE und den Segen, den viele von euch Ihrem Wesen senden. Im HERZEN des Planeten ist schon lange der FRIEDEN gewachsen, doch den gilt es aufrecht zu erhalten! Segnet Sie, lenkt den Kraftstrom der LIEBE in Ihr HERZ. Sie sendet die Erdkraft durch eure Füße in euer gesamtes SEIN zurück.

In tiefer Liebe
der Meister El Morya

Äther als Lichtkanal

WIR sind gekommen, um durch viele Kanäle die Offenbarungen zu lenken. Höret alle Stimmen und prüft die Weisungen. Jedes Wesen in diesem System hat diese Möglichkeit zu entscheiden, was es für sich wünscht.

Ihr geliebten Kinder und Schüler der lichten Gaben, vom Gehalt der Fülle ist heute die Rede:

„ICH BIN die Reiche Fülle alles Guten
auf der ätherischen Ebene SEINES SEIN."

Was bedeutet dies?

Wenn WIR hier von der <u>ätherischen Ebene</u> sprechen, ist die gemeint, in der WIR UNS befinden - die Ebene, die eurem physischen Körper am nächsten ist. Euer Ätherkörper ist das, was ihr euer Erinnerungsvermögen nennt. **ER**- Innern, in euch. Alles, was ihr vom Ursprung eures SEIN jemals „gedacht", „gehandelt" oder „gewusst" habt, ist dort, in diesem Körper gespeichert. Ein Speicher empfängt und hält alles fest, was ihm gegeben wird. So ist auch Leben für Leben eures SEIN als feste Erinnerung von euch dort als Bestand erhalten geblieben. Folgt ihr <u>bewußt</u> euren täglichen Handlungen, werdet ihr genau spüren, alles **in** euch fühlen, was ICH euch gab. Ist euer Bewußtsein wach und erkennt ihr mehr und mehr MEINE Zeichen und Symbole, die ICH zu euch lenke, wird das Leben durch MICH leicht, und unvollkommene Erinnerungen werdet ihr schnell vergessen, da sie von Moment zu Moment aufgearbeitet und gelöscht sind. Doch dies kann nur geschehen, wenn ihr vollkommen im Vertrauen zu MIR und mit MIR seid. Dies ist die Basis, um altes und in Erinnerung gebrachtes Karma aufzulösen. Doch nicht alles soll aufgelöst werden. Handlungen von Reinheit und Glück, um jeden Moment in Erfüllung zu erhalten, bleiben fest im Ätherkörper als leuchtendes LICHT in Ewigkeit.

Was nun ist diese Ätherebene? Sie ist der **GEIST**! Sie ist für alles, was mit diesem Planeten zu tun hat, unerlässlich, fest verbunden und niemals zu lösen. Diese Ebene benötigt ihr immer, wenn ihr wieder auf diesem Planeten eure Aufgaben erfüllen möchtet. Es ist so mit Mensch, Tier, Pflanze und allem SEIN. Mit allem, was ICH gebe, ist es so. All-es ist mit Äther verbunden. So hat die gesamte Schöpfung GOTTES immer funktioniert, und die ERDE ist so erschaffen. Weshalb, werdet ihr fragen, ist dies nötig?

Um sich mit diesem Planeten EDEN zu identifizieren, muß ein physischer Körper für alles SEIN erschaffen werden. Jede neue Schöpfung ist mit 7 Körpern und einer Aura erschaffen. Alles Bewußte und jedes Feste oder auch Unvollkommene. Nichts kann sich dieser klaren Schöpfung entziehen. So ist ein jedes Individuum vom VATER als SEIN Werk erkennbar. ALLES.

Der Ätherkörper ist nicht der Dualkörper, der mit allen euren Eigenschaften ausgestattet im SEIN des GEISTES eingebettet bleibt (in der HÖCHSTEN QUELLE). Seine ELEKTRONEN sind dual erschaffen, um für eure inkarnierten Körper bereit zu sein, ELEKTRONEN auszugleichen, die hier während der

Erderfahrung verbraucht werden. Alle ELEKTRONEN sind austauschbar. Diese ELEKTRONEN haben, jedes für sich, die Information Ihrer Form und finden beim bewußten Austausch den Weg durch die magnetische Anziehungskraft zum Dualkörper.

Wenn ihr diese Botschaft genau versteht, wird euch bewußt, weshalb Heilung und Vertrauen eng miteinander verknüpft sind. Muß nun Glaube auch sein? Wenn Ströme von euch, welche glauben, einem anderen Strom in selbstlosem Dienst helfen, gesund zu werden, ist dies als Heilung geschehen, da der Ätherkörper die LIEBE eurer Hilfe und den Segen empfängt. Wenn der physische Körper also Heilung erfahren soll, muß die Heilung vorher am Ätherkörper geschehen sein. Dies vollzieht sich durch den festen Glauben an Wissen. Wissen, das ihr in euch tragt - als festen und niemals löschbaren Bestand im Ätherkörper. Ist wahre Heilung geschehen, ist Karma gelöst.

Alle Menschen, die eine Aufgabe, gleich auf welchem Gebiet, übernehmen, haben die Information als Erinnerung in sich: Diese Handlung habe ich da und da schon einmal getan! So entsteht oft das Gefühl: Es ist leicht für mich, dieses oder jenes zu tun. Ich kann das! Sind Aufgaben schwer zu lösen und eure Form lehnt sogar manches ab, sind Erinnerungen wachgerufen, die unangenehm sind. Sind sie schlecht oder böse? Nein, alles dient eurem Wachstum und ist gut und von der QUELLE so gegeben. All-es.

Ihr geliebten Schüler, wenn Handlungen von euch ausgeübt werden, geschieht es auf allen Ebenen. Gebt ihr euch bewußt einer Handlung hin und segnet sie ätherisch, ist vollkommenes Erleben gelenkt. Das heißt, ihr lenkt bewußt über die ätherische Ebene, und diese ist Vollkommenheit.

Im Segen
der Meister Konfuzius

Vollkommenheit in den Gedanken

ICH BIN ist der HÖCHSTE **GEIST** des Universums.

Ihr geliebten Schüler, wenn ihr ICH BIN denkt oder sprecht, ist es von allergrößter Wichtigkeit, daß ihr positive Worte in Einklang mit dem ICH BIN bringt. Jede unvollkommene Ausdrucksform manifestiert sich sofort in eurem ÄTHERKÖRPER. Der Geist, den ihr mit dem gedachten Wort stärkt, wird mit dem LICHT schwingen oder euch durch falsches Denken gar schaden können. Werden solche „falschen" Formen dem SEIN oft zugefügt, ist der Ätherkörper mit der Zeit von großer Schwäche gekennzeichnet. Diese Strahlung setzt sich in jedem eurer Körper fort, bis es zum Ausfall der Energie in den Hauptchakras kommt. Eine Kette von unvollkommenem Denken oder Handeln kann euch und eurer Gesundheit wirkungsvoll schaden. Für die Schüler, die mit dem LICHT umgehen und für die Welt und alles SEIN tätig sind, ist es deshalb von größter Wichtigkeit, genau zu sein beim Formulieren ihrer Gedankenströme. Wenn jeder dem Wachstum und der Ausdehnung des FRIEDENS für diesen Planeten hilft, ist FRIEDEN.

Der Wortschatz, den ihr zum Nächsten sendet, wird von jeder Seele empfangen. Da Gedanken Geist sind und der GEIST fließt, ist jede Seele ständig auf Empfang eingestellt. So hat das Universum das Gesetz der

LIEBE erschaffen. LIEBE, die oft von euch gedacht, wird immer wieder zu euch zurückkehren, wie auch ein negativ gesandtes Wort seine Wirkung nicht verfehlt.

Ihr werdet euch fragen, was hat dieses Denken und Empfangen mit dem Gesundheitszustand des Ätherkörpers und allen anderen Formen zu tun? Ist ein Wesen auf lange Zeit (auch nur in einem Leben) von ständig negativem Denken, muß der Ätherkörper schwach werden, da keine LIEBE gesendet wird. Das, was ihr denkt, seid ihr, das, was ihr esst, seid ihr auch. So ist alles, was ihr eurem gesamten SEIN selbst gebt, die Resonanz eurer gesamten Ausstrahlung.

Wie ist nun Heilung auf allen Ebenen und trotzdem das Leben in dieser Zeit möglich? So wie eben erklärt, wenn jedes bewußte Individuum nur in LIEBE und mit gut beeigenschaftetem Wortschatz denkt, habt ihr durch die Kette von Segen und LIEBE FRIEDEN auf dem Planeten und in euren Körpern. Lebt ihr in Harmonie mit euch selbst, lebt ihr in Harmonie mit GOTT. GOTT ist der Schöpfer eures SEIN, und auch ER schöpft alle LIEBE, die ER euch gibt, aus der HÖCHSTEN QUELLE allen SEIN.

Ihr geliebten Schüler, vom Fluß dieser Ebene ist noch viel zu berichten. So wird alles, was ihr euch nur vorstellt, in Erfüllung gehen. Alles, was ätherisch „bildhaft" geschaffen, wird sich für euch erfüllen. Doch bedenkt: Sind die Wünsche zu groß und passen nicht in den gegebenen Lebensstil eurer jetzigen Inkarnation, sind es „Wunschträume", die euch erhalten bleiben und in einer anderen Zeit sich verwirklichen. Nichts geht verloren und kommt immer zu euch zurück. Sind Wünsche, die ihr ätherisch für euch manifestiert im Gesetz der Ordnung, ist alles erreichbar und umsetzbar, in die physische Ebene. So glaubt an die Wunder, die ER euch offenbart.

Für jeden Gedanken und jede Handlung seid nur ihr verantwortlich. Die Handlung ist die Antwort auf den Gedanken. Der Gedanke fließt immer in LIEBE und Güte, wenn ihr die Qualität des HERZENS und der Freude in allem TUN mitwirken lasst. Alles kann, wenn ihr bewußt eure Zeit vorbereitet, vom Morgen bis zum Ruhen gelingen. Um mit Freude und im Glück der selbst erkannten Handlungsweisen zu leben, ist die Konzentration auf das SELBST am wichtigsten. Behandelt ihr euch gut, seid ihr in LIEBE mit euch, wird der Ausdruck eures Tuns alles im Fluß der LIEBE halten und ihr seid gesund. Das ist das Ziel eurer Inkarnation, Gesundheit, Freude, Glück und LIEBE, das sind die Boten des FRIEDENS.

Im Segen
der Meister Konfuzius

Bewegung

Den Tag mit Disziplin zu beginnen und ihn so zu beenden, ist fließende Freude.

Geliebte Schüler, von einer neuen Form der Gaben, die den Menschen das Wohl auf allen Ebenen bringen, ist hier die Rede.

Seht, wie oft sind eure Körper schwer und unbrauchbar für die klare und hingebungsvolle Meditation. Glaubt ihr, es liegt an den Dingen, die euch ablenken? Glaubt ihr „andere" sind die Ursache für den „falschen" Ablauf eines freudlosen Tages? Alles, was ihr benötigt, um leicht und im Glück zu leben, ist die richtige Form eurer ER- Nährung.

Ist der Zeitpunkt gekommen, daß ihr dies erkennt, werdet ihr mit Meinen Angaben und Informationen viel Freude haben. Der Fluß, der für euer Wohlbefinden von All- ER- höchster Wichtigkeit ist, hat den größten Anteil an eurer „gesunden" Struktur einer jeden Zelle. Was ist so wichtig, daß Fluß sich niemals staut? **BEWEGUNG**.

Wenn <u>ihr</u> euch bewegt, muß sich automatisch alles <u>in</u> euch bewegen. Wasser, Blut und jedes ELEKTRON ist sofort bereit, in euch zu wirken.

Folgt ihr dabei noch dem Rhythmus der wahren Lebenserhaltung, ist es niemals möglich, „krank" zu werden. Alles, was ein gesunder Körper benötigt, um es zu bleiben, ist **BEWEGUNG**.

Im Segen
der Meister Konfuzius

Licht Heißt Leicht Leben

Findet der Schüler den Weg, den er in Ehrerbietung beschreitet, ist der Segen der HÖCHSTEN QUELLE allen SEIN mit ihm.

Ihr geliebten Kinder, der Gnade Trost ist jedem Schüler gewiss, der nur an das wahre und einzige Wissen glaubt. Wie seid ihr gewiss, das Wahre zu empfangen? Sind nicht schon so viele Schriften an euch gesandt? Was muß der Schüler tun, um gut auseinanderzuhalten? WIR lenken einen jeden von euch, doch diese Energie ist so kraftvoll, daß viele von euch dieser ausweichen. Mit dem HERZEN ist der Strom sehr leicht erkennbar. Doch immer wieder müssen WIR wiederholen, es ist der unbequemere Weg. Er ist mit Klarheit und Vertrauen an die euch allen anhaftende Form gegeben, LIEBE.

WIR wissen, seit WIR hier von dieser Ebene wirken, wie schwer ihr es euch macht, UNS zu erkennen. Wenn Ströme, die für euch das Wissen vorbereiten dürfen, diese Gaben im Fluß halten, ist es einfach zu geben. Das ist UNSERE Aufgabe. Doch oft ist ein Strom von vielen irdischen Einflüssen so abgelenkt, daß die Gabe sich schwer vermitteln läßt. Werdet aufmerksam, wie leicht und im Fluß eure eigenen und mitgebrachten Gaben sich öffnen können. Jeder, der die Inkarnation des WASSERMANN-ZEITALTERS miterleben darf, ist mit einer großen Aufgabe gekommen. Alles SEIN fließt ineinander und muß so von euch erkannt werden.

Denn viele haben erkannt, alles ist GOTT, doch ist alles GUT?

GUT, das von der QUELLE zu jedem SEIN fließt, ist gleich groß, und doch kann nicht jeder zur gleichen Zeit sein vollkommenes GUT nutzen. So müßt ihr sehr klar unterscheiden lernen, was ist GUT und was noch unvollkommen. Leider sagt ihr zum Unvollkommenen „böse".

Was, ihr geliebten Schüler, ist böse? Alles ist vom VATER des SEIN so erschaffen, um bewußt erkennen zu „wollen". Das ist die Unterscheidungskraft, die eurem MENTALKÖRPER als Kraft zugeordnet wurde. Ist diese in ausgezeichnetem Maße vorhanden, seid ihr mit der Gnade des HERRN gesegnet. Was tun die Wesen, die nicht erkennen? Sind sie von IHM verlassen? Nein. Es ist ihr Weg. Der Weg ist so gewählt, daß andere an ihm ihre Erfahrungen und Lernprozesse machen dürfen. So höret von der Form, die jedem ELEKTRON beim Erschaffen seines SEIN gegeben wurde. Wie erkennt das ELEKTRON die Form seines SEIN wieder, wenn Verkörperung auf einem anderen Planeten geplant ist?

So wisset:

Jede Form erhält einen Namen und wird numerisch erfasst. ELEKTRONEN sind auf- oder abbauend, kommend oder gehend. So hat der GEIST **nur** Geben ausgeschaltet. ER gibt und erhält alles wieder zurück. Das ist ein Gesetz.

Seht ihr eine unvollkommene Form, gleich welches Wesen (verwachsener Baum u.s.w.), ist der Plan, Vollkommenheit zu erlangen und daran zu lernen, von ihm so ausgewählt. Das betrifft bewußte und unbewußte

Formen. Um zu erkennen, benötigt ihr nur eins, Ruhe und den Wunsch, erkennen zu „wollen". Der WILLE GOTTES lenkt alle Wesen und alle Formen auf die Ziele eures jeweiligen Planes. Jeder, der bewußt ist, hat die Möglichkeit, frei zu entscheiden, wie er sich seinem von ihm gewählten Ziel nähern kann. Doch wo ist der Anfang zu machen? Was ist euer Ziel? Fragen über Fragen tauchen in euch immer wieder auf!

Der Plan eines ERDENBEWOHNERS ist einfach erkennbar, doch nicht so leicht ausführbar. Von den Zeiten, die mit der Entwicklung der Technik mehr und mehr die Gefühle und somit die Emotionalkörper von ihrem wahren SEIN und ihrem Plan ablenkten, ist hier die Rede.

Alles SEIN, wie ihr nun wisst, hat 7 Körper und eine Aura, die dem Schutz des SEIN dient. Wenn alles in Reinheit und LIEBE lebt, sind alle Körper ohne Makel. Doch über lange Zeiten sind eure Körper von den Dingen, die vom Reinen wegführen, abgelenkt worden. Alles, was in wirklicher LIEBE miteinander lebte, ist vom Unvollkommenen mehr und mehr belastet worden. So haben eure ÄTHERKÖRPER bei jeder Inkarnation an Reinheit verloren (mehr oder weniger). Jeder Strom hat seine eigene „Geschichte".

Für euch ist der Plan, um gesund zu bleiben und euren Körper wieder in die wahre Form zu bringen, einfach. Einfachheit ist das Ziel.

Was ist daran so schwer, werdet ihr fragen? Habt ihr euch dieses oder jenes nicht schwer erarbeitet? Dieses Wort, **schwer**, ist der Schlüssel zum Öffnen des Weges zur <u>Klarheit und Einfachheit</u>.

Legt es für immer weg! Streicht es aus eurem Wortschatz. Seht ab heute euren Weg leicht und licht, dann ist Freude in euch, die sich dann auf allen Ebenen ausdrückt.

So ist die Kost, die **ER-nährung**, die ihr euren Körpern gebt, auch zu erkennen. Wird der Weg schwer, wenn ihr euch viel Flüssigkeit zur Vorbereitung des Tages gebt? NEIN. Alles, was ihr am Morgen eurem Körper als Einleitung für einen leichten und unbeschwerten (ohne Beschwerden, frei von Beschwertem) Tag geben müßt, ist Wasser. Wasser sucht den Weg zu allen Zellen, die durch belastende Mittel nicht in ihrer wahren Form agieren. Wasser ist dynamisch. Wasser ist Fluß. Seid ihr schon am Morgen mit dem Fluß, wird der Atem leichter und leichter. WIR sagten dies schon. Das ist vom Plan der ERDE ebenso als Erhalt Ihres SEINs nötig. So belebt Sie sich ständig durch des Meeres Bewegung und hat alle Ihre Leiden durch Wasser wieder ausgleichen dürfen. Regen, der dem Beleben der Atmosphäre dient und den Atem der ERDE reinigt, ist das Elixier Ihres SEINs. Sind große Massen an Wassermengen nötig, um Ihr zu helfen, ist der Stau der schwindenden Energie mit diesem Wasser wieder belebt (Sturmflut).

Ihr geliebten Schüler, vom ERD- und WASSER-STROM ist auch euer Körper als Form zu erhalten. So sind die Gaben, die ihr benötigt, sehr einfach zu erkennen, um eure Körper im Einklang zu halten. Alle Formen, die ihr als Nahrungsmittel kennt, haben schwere und leichte Gaben. Sind nehmend oder gebend!

Wie nun sind diese zu unterscheiden, und was benötigt ihr, um hier mit gesunden und kräftigen Körpern zu leben? Warme und kalte, feste und fließende Kost! Alles Feste ist das, was ihr aus der ERDE, dem Erdinnern erhaltet. Zum Beispiel die Kartoffel, die Möhre, die Wurzel u.s.w. und die Gaben, die ihr Minerale und Spurenelemente nennt. So ist der Aufbau. Folgt ihr dem Plan weiter, muß der Fluß von euch ständig aufrechterhalten werden. Denn ohne Wasser ist die ERDE oder euer Körper trocken. Alles, was ihr dem Körper zum Beleben einer jeden Zelle immer wieder reichen müßt, ist **WASSER**.

Doch hier ist der größte Trugschluss aller Zeiten entstanden!

Der Mensch hat in langen Forschungen alles dem Wasser entzogen, was für das Überleben eines Erdenbewohners von Wichtigkeit ist:

das SALZ.

Alles Wasser, das frei ist von SALZ, ist ohne wahres Lebens- Elixier. Salz ist der Stoff, der dem Wasser (Meer) die Dynamik, die Freude am Geben gibt. Es ist lebensnotwendig.

Jeder Körper, welcher der ERDE zugeteilt wurde, benötigt SALZ, um zu überleben. Salzmangel ist leicht erkennbar und ebenso leicht auszugleichen. Gebt ihr WASSER in eure Körper, nur mit einer Prise Salz, beginnt der Geist eures gesamten SEIN sofort zu wirken. Aufmerksamkeit und Konzentration nehmen sofort zu. So ist dem Geist das Wasser als wichtigste Gabe zu reichen. Wie ist dies zu erreichen, für alles SEIN?

SALZ ist das Wundermittel zur Heilung von Konzentrationsschwäche und Müdigkeit. Erlaubt euch dieses zu prüfen. Nehmt ihr die Salzspeisen am Abend ein und führt viel SALZ dem Körper zu, seid ihr hellwach oder klagt über Schlafstörungen. Da sich die Körper zur Nachtruhe erholen und ruhen müssen und am Tage ihre Lebendigkeit benötigen, ist SALZ eine Gabe für den Morgen bis zum Mittag. So wie euer Morgen beginnt, so fließt der Tag. Wasser und SALZ beleben jede Zelle.

Ihr geliebten Schüler, gebt ihr über lange Zeiten (Jahre) eurem Körper zu wenig Wasser, wird der zweitwichtigste Fluß eures SEINs träge, das **BLUT**. BLUT hat den Energiestrom des Lebens in euch zu erhalten. Fließt BLUT aus eurem SEIN, weicht das Leben aus der Form. Kommt es zum Blutstau, kommt es ebenso zum Lebensstau und kann zum Stillstand des HERZENS führen. Alle fließenden Formen in euch sind von All-ER-höchster Wichtigkeit. So ist der Fluß der Entgiftung (Urin) ebenso mit Achtung des SEINs zu pflegen.

Im Segen
der Meister Konfuzius

Grün als Heiler in allem Sein

Ist der Körper durch unvollkommene Gaben über lange Zeiten unrein geworden, ihr sagt „krank", kommt es zur Verunreinigung des **BLUTES**. Was, ihr geliebten Kinder, ist der Mechanismus, daß dieses Elixier so von Wichtigkeit ist für Mensch und Tier?

Seht, welche Farbe das gesunde Blut hat, RUBIN. Diese Farbe ist der machtvolle Strom des FRIEDENS. FRIEDEN wünscht sich die gesamte Einheit aller Wesen. Auf allen Planeten und in allen Reichen GOTTES wird immer nur an diese KRAFT geglaubt. FRIEDEN, ist er in euch und sendet ihr ihn in alles SEIN, ist der Menschheit und dem Planet EDEN das Überleben allen Übels gegeben. Doch was ist BLUT?

Mit diesem Stoff, dem diese Farbe und die Flüssigkeit gegeben wurde, sagten WIR, ist das gesamte SEIN durchströmt. Habt ihr der SONNE Farbe beim Aufgang und Untergang schon erlebt? Wäret ihr in Ihrer Nähe, müßtet ihr dem mächtigen Strom der Wärme weichen. So ist auch das BLUT warm. Wenn es kalt oder erkaltet, ist es kraftlos oder „tot". Dieses tot ist nicht so zu verstehen, wie ihr den Tod wahrnehmt. Erkaltetes BLUT ist von den ELEKTRONEN, die Reine LIEBE sind, verlassen. Wenn sich euer Körper zum Heimgang vorbereitet, wird das Blut kühler und kühler. Ist der physische Körper „tot", ist es kalt. Weshalb und was ist so wichtig an diesem Elixier BLUT?

Um für diesen Planeten als Mensch zu leben, hat die QUELLE die BLUTKÖRPER gesandt. Für eine gute und gesunde Form benötigt ihr diese ELEKTRONEN. Ein BLUTKÖRPER-ELEKTRON von rubiner Farbe hat den Auftrag, Wärme zu spenden. Es ist von größter Wichtigkeit, daß jeder Körper (physisch) warm ist. Dafür sorgen sie. Ist es in euch zu warm oder gebt ihr euch zu viele rote Speisen (Paprika, Tomaten u.s.w.) als Nahrung, sind diese BLUTKÖRPER in heller Aufruhr. Liegen Entzündungen vor, von unvollkommener Lebenshaltung oder Verletzungen, ist es dem Körper nicht möglich, die Balance der Wärme zu halten. So kommt es zu Untertemperatur oder Fieber. Ist ein Körper weit höher als 36 ° warm, ist es schon als unausgewogen anzusehen. Fühlt ihr eine geringe Schwäche, die ihr durch zu anstrengende Tätigkeit erlangt oder falsche Nahrungszufuhr, klagt ihr über kalte Füße, Hände oder Nase. Diese 3 Körperteile zeigen euch an, wie die Blutzirkulation zur Zeit ist. Füllt ihr eure HERZEN immer wieder mit LIEBE auf, LIEBE, die ihr euch selbst gebt, ist das BLUT immer im Rhythmus mit der QUELLE.

ICH BIN vollkommen in LIEBE mit mir.

Ihr geliebten Kinder, der Strom der LIEBE ist so mächtig, und dies müßt ihr in euch erfühlen. LIEBE, vom EINEN in alles SEIN gesandt, hält alles SEIN gesund, je nach seiner Form. Ist alles SEIN im FRIEDEN, ist alles gesund. Der Weg, der den Planeten und euch wieder in diesen gesunden Stand bringt, ist sehr nah, da ihr bereit seid mitzuwirken. Was ist zu tun, um das BLUT gesund und die ELEKTRONEN der roten Blutkörper zu erhalten?

Alles GRÜN, das euch zur Nahrung dient, ist der Schlüssel, um das BLUT in seiner gesunden Form zu erhalten. Lebt das Wesen Mensch oder Tier zu lange ohne grüne Nahrung, kommt es zu einer drastischen Reduzierung der roten Blutkörper. Die Nahrungsformen, die ihr wählt, enthalten oft zu wenig GRÜN. So kann der Körper die Organe und Zellen nicht genug mit diesen Blutkörpern versorgen.

BLUT hat die längste Lebensdauer von allen ELEKTRONEN, die einen physischen Körper erhalten. Um diese Form für euch in jede Zelle zu lenken, benötigt ihr den Motor des Körpers, der euch für diese Zeit gegeben, das HERZ. Was geschieht, wenn das HERZ in seiner Form nicht vollständig oder im Laufe eines „Lebens" geschwächt oder beschädigt wird?

Dies, ihr geliebten Kinder, ist das wichtigste Organ aller Formen in eurem Körper und ist von euch besonders zu achten. Was heißt achten?

Ist die 8-samkeit eine besondere Haltung, die ihr allem SEIN und besonders euch geben müßt? JA!

Achtsamkeit ist das Ausgleichen von allem: Freude – Trauer, Hell – Dunkel, Gut – „Böse". Ist der Mensch ausgeglichen in seinem SEIN, ist das BLUT in der klaren Form und fließt mit dem Lebens- und Heilstrom im Einklang. Dies ist sehr deutlich als Heilung zu erkennen. Missmut, Wut und Zorn oder andere unvollkommene Formen von Emotionen schaden immer dem BLUT. Doch was ist es, daß ihr dies niemals selbst erkennt? Da ihr mit den täglichen Ablenkungen von euch selbst auch nur euch schadet, hat Heilung durch euch zu geschehen. Um einem großen Schaden, den jeder sich selbst zufügt, sei es als Karma „gewollt" oder durch Unachtsamkeit geschehen, abzuhelfen, benötigt ihr euren Nächsten. Wissen um die Dinge sind die Zeichen des Fortschritts, ist der Weg die ERDE zu heilen. Auch sie benötigt viel GRÜN, um sich zu heilen. Vom Aufbau der Nahrung und vom Aufbau eines gesunden Körpers geben WIR später.

Was, ihr geliebten Schüler, ist die Aufgabe der **weißen** Blutkörper? Sehet, nur die Bezeichnung ist hier schon unklar. Da BLUT rubin, ist ein weißer BLUT- Körper nicht möglich. Um dem Körper zu helfen, wenn Gefahr für die roten BLUTKÖRPER besteht, wurden ELEKTRONEN als Form der Hilfe in der Gefahr gesandt. Es sind Helfer aus LICHT, um dem Körper wieder zur gesunden Form zu verhelfen. Wie lautet ihr Auftrag?

Ist es in euch zu heiß oder entzündet, sind sie aktiv, um das tiefe Rot (Rot ist nicht Rubin) der Entzündung zu „lichten". LICHT oder leicht wird die Form des BLUTES, wenn diese Körper tätig werden. Sind sie schlecht oder eine Gefahr, da sie bei manchen Kranken in der Überzahl?

Nein. Sie sind der große machtvolle Lichtstrom, den ihr die Polizei nennt. Hellwach, licht und mit einer so großen Aufgabe versehen, müssen sie dem Körper helfen, sich so schnell wie möglich abzukühlen, falls zu viel Hitze oder Entzündung den Körper belastet. Ist der Mensch gesund, sind sie in der gleichen Anzahl bei einer Blutuntersuchung anzufinden. Benötigt ihr eine bestimmte Nahrungsform, um sie im Körper zu erhalten? Nein. **Sie SIND.**

Viele Wesen, die dem Planeten als Forscher und Wissenschaftler dienten, haben in langen Untersuchungen ihre Form niemals erkennen können. Diese weißen ELEKTRONEN sind Reine LIEBE. Wird LIEBE von euch zum Nächsten gesandt, wirken sie sofort in ihrem wahren SEIN.

Seht ihr Krankenbilder von denen, die in irgendeiner Weise Erkrankungen des BLUTES oder des HERZENS haben, ist die LIEBE in Ihrer wahren Form der Heilbringer, der alles wieder zum Fließen bringt. Dies ist der einzige Sinn, dem ihr vertrauen solltet. LIEBE, die ihr euch gebt, ist Heilung auf allen Ebenen.

„ICH BIN vollkommen in LIEBE mit mir".

Ist dies von euch erkannt, ist Heilung erreicht. Folgt ihr dem Plan einer gesunden ER- Nährung, kann es niemals zu Erkrankungen des BLUTES kommen. Ist die Nahrung im Übergewicht grün, bleibt das BLUT gesund und fließt in gleichmäßigen Strömen.

Ihr geliebten Kinder, von GRÜNER Nahrung nehmt in kalter und in warmer Form. GRÜN kann durch Erwärmen niemals zerstört werden. GRÜN kann durch Hitze (kochen), wenn genügend WASSER vorhanden ist, niemals zerstört werden. GRÜN WIRD NUR DURCH BRENNEN ZERSTÖRT (braten)!

So wird in der Natur kein GRÜN durch Wärme zerstört, gebt ihr das nährende Wasser am Morgen. Da die Natur sich des Nachts erholt wie ihr, ist das Wasser am frühen Morgen Leben spendend. Gebt ihr morgens viel Wasser mit einer „Prise" Salz, sind alle Pflanzen und die gesamte Natur in tiefer Dankbarkeit. Wundert ihr euch noch, wenn ihr des Morgens erwacht und es hat frisch geregnet? Die QUELLE hält den Rhythmus für alles SEIN ein, das ist ein Gesetz.

Von diesen Gesetzen sollt ihr durch UNS erfahren. Leben zu erhalten, das dem Planeten so gleich, ist UNSERE Aufgabe. Dieser habt ihr euch auch angeschlossen, als ihr beschlossen habt, ein Erdenbewohner zu werden, um Ihr zu helfen. Sie ist es, die in eurem Denken und Handeln euer Mittelpunkt sein sollte. Doch erkennt und handelt ihr, ist die ERDE geheilt.

Im Segen
der Meister Konfuzius

Klarheit ist Fülle

Im Gnadenstrom eines jeden Wesens existiert ein Mechanismus, der auf alles reagiert, was lebt. Das, ihr geliebten Kinder, ist der Segen. Segen ist der Strom der wahren Gnade. Was bedeutet dies?

Ist ein Wesen von dem Lebensstrom der Gnade beseelt, ist das gesamte SEIN zum Empfang des Lebens bereit. So erhält alles, was sich zur Inkarnation bereiterklärt, bevor es in die Erdatmosphäre eintritt, den Segen der HÖCHSTEN QUELLE. Um diese Macht, den Segen, in Seiner Vollkommenheit zu erhalten, bedarf es eines einzigen Gedankens: LIEBE.

Gebt ihr den Gedanken in euch oder das Wort in euer SEIN, wird sofort der Strom des BLUTES weicher und flüssiger. Wärme strömt in das HERZ und läßt jedes ELEKTRON der roten Blutkörper sich verdoppeln, bis sie den Stand der Vollkommenheit, den ihr benötigt, erreicht haben! Ihr werdet euch fragen: „Nur LIEBE, nur denken?"

Wenn ihr LIEBE „nur" denkt, für euch oder andere, manifestiert sich wahres Leben in jedem ELEKTRON. Das ELEKTRON hat den Auftrag, in seiner Form sofort zu wirken, wenn es LIEBE erhält, wenn in LIEBE mit ihm gehandelt wird. Dieser Mechanismus war in alten Zeiten bekannt und wurde „Tag" für „Tag" praktiziert.

Alles, was ihr mit dem HERZENSSTROM eures SEIN füllt, ist in der Gnade des Handelns. So erhaltet ihr, ohne daß ihr es bewußt bemerkt, jeder Zeit Segen aus der QUELLE. Wie kann man dies erfühlen oder „sehen"? Der Atem, das Kommen und Gehen, ist der Pulsschlag des Segens.

Ihr geliebten Kinder, von der wahren Fülle, die jedes ELEKTRON erhalten muß, ist die physische Nahrung die geringste. PRANA oder Lebensstrom **würden** genügen, um dem SEIN eines Körpers zu dienen, doch bedarf es langer Vorbereitungen und einiger Zeiten (Leben), um nur von PRANA auf allen Ebenen zu leben. Die physische Form eures SEIN kann mit klaren und wenigen, doch gezielten Gaben, erhalten werden. Alles, wie ihr wisst, ist mit 7 Körpern ausgestattet. Alle Nahrung ist gut, wenn sie ebenso wie ihr, mit dem Segen ausgestattet ist. Jede Form hat seine Bestimmung. Ströme wie Hafer, Gurke, Spinat oder Apfel u.s.w. können nur so wirken, wie das ELEKTRON dafür beschaffen ist. Keine Form kann untereinander ausgetauscht werden, da es nur in seiner Funktion wirken kann. Experimente, die Gene verschiedener Formen zu vermischen, führen sofort zum Chaos. Chaos innerhalb der Gehirnströme. Alle Funktionen gehen eigene Wege und können nur in der URFORM gut miteinander existieren.

* Das heißt: Werden bestimmte Nahrungsmittel gemischt, ist das gesamte Konzept aus der Balance. Über längere Zeit führt dies in euren Organen zu ungewöhnlichen Re-Aktionen. Werden Zeichen, welche die Organe geben, nicht beachtet, muß der Körper „krank" reagieren. Doch wie ist der Form eines jeden ELEKTRONS gerecht zu werden, ohne daß der wahre Plan gestört wird?

Jede Funktion wird von dem Gehirn gesteuert! Jede Information, die es benötigt, um eingesetzt zu werden, wird von dort gesendet, ähnlich wie bei einem „Computer". So ist die Spur immer vom Anfang bis zum Ziel **klar** und deutlich als Information zu erfüllen von 1 bis....

Alle ELEKTRONEN wissen von ihrer Aufgabe und können nur diese erfüllen. Alle! Tauscht oder mischt ihr ELEKTRONEN, egal von welcher Form, ist dies <u>im Moment</u> für euch „gut", doch über längere Zeit müssen sie ihrer Bestimmung folgen. Sie „wehren" sich.

Im Segen
der Meister Konfuzius

Dem Grün folgt alles Sein

Weshalb, ihr geliebten Schüler, ist dieser Planet GRÜN und BLAU?

Alles SEIN, das diesem Planeten zugeordnet wurde und ist, muß durch den Umwandlungsprozess. BLAU + GRÜN ergibt VIOLETT bis LILA. Diese VIOLETTE Energie hat den stärksten Strom von Reinigung, der aus einem Farbstrahl als Energie zu erkennen ist. Weshalb ist das GRÜN für euch in der Farbtherapie so wichtig?

Chlorophyll ist Heilstrom in der höchsten Potenz einer Form. Es ist das allumfassende heilende LICHT. Es ist Heilung. So wisset von einer Form, wie sie in UNSERER Ebene wirkt!

Chlorophyll heißt auf UNSERER Ebene KLARHEIT IN FÜLLE. Weshalb ist dies so verschieden im Ausdruck, doch gleich in der Wirkung eurer Bezeichnung? Chlorophyll hat Farben von BLAU – GRÜN und GELB – GRÜN. Beides ist Transformation von hohem Gehalt an Gabe. Seht ihr in der Natur die stärkste Kraft, die sich auf weiten Flächen ausdehnt, so erkennt ihr den Sinn von Heilung für die ERDE. Das, was WIR euch sagten, was BLAU für euch verkörpert, hilft dem GRÜN, die Heilenergie auszudehnen. BLAU – LIEBE , GRÜN – HEILUNG.

Weshalb ist in der Heiltherapie BLAU – GRÜN stärker als GELB – GRÜN zu erkennen?

Da das gesamte SEIN aus LIEBE besteht und alle Universen, Planeten, Wesen oder die SONNEN speist, hat das BLAU – GRÜN, die höchste Potenz an **Heilkraft**. Legt ihr euch Blätter von Pflanzen mit BLAU – GRÜNEM Charakter auf offene Wunden, wird, wenn ihr der Pflanze Beachtung schenkt, die Heilung sofort erwirkt. Müßt ihr nun alle Pflanzen oder Bäume, ja deren Namen oder Bestimmung kennen? NEIN. Seht ihr einen „Notfall" von verletzten Körperstellen, wird immer das GRÜN (Blau – Grün) die erste Heilung erzielen.

Wann, ihr geliebten Schüler, beginnt das GRÜN seine Heilkraft zu verlieren?

Nehmt ihr es vom Leben gebenden Stamm, muß die Heilkraft nachlassen. So färben sich alle getrockneten Blätter GELB – GRÜN. Wenn das, was ihr „Gemüse" nennt, vom Stamm genommen wird, beginnt die Kraft des heilenden GRÜN zu vergehen. Wärme kann dem GRÜN nicht schaden! Niemals. Doch wird es ge- oder verbrannt, ist alles Leben aus den HEIL- ELEKTRONEN.

Findet ein Prozess von Kälte (gefrorenes Gemüse) für GRÜNE Nahrungsmittel statt, wird der Gehalt von Spuren und Mineralien sowie Vitaminen teilweise zerstört. GRÜN wird in seiner Vollkommenheit, mehr als ihr erahnen könnt, **gestärkt**. So sind Kälte oder Hitze für einen Heilprozess mit GRÜN unwichtig.

Ihr geliebten Kinder, findet in eurem physischen Körper ein Prozess von Entzündung statt, kommt der Rat aus HÖCHSTER EBENE, ihm mehr als 50% GRÜNE Nahrung zu geben. Legt ihr dazu BLAUE Kleidung an, ist der Heilprozess von allerhöchster Geschwindigkeit. Seht den Prozess, der dem Rot der Entzündung entgegenwirkt! Rot ist der Grad der überschritten Verletzung einer Zelle. Ist dies <u>auf</u> der Haut erkennbar, ist der Prozess <u>im Körper</u> auf dem Grad des Unvollkommenen bis zur **Gefahr** gewachsen!

Wie könnt ihr nun die Heilkraft durch GRÜNES Gemüse erkennen? Alle kalten helfen dem Körper zu entsäuern (z. B. Gurke ohne Kerne). Alles Erwärmte regt die Durchblutung und den Kreislauf an. Gebt ihr warmes Gemüse am Abend als Mahlzeit, muß es zu Schlafstörungen bis „schwerem" Schlaf kommen, da dies Tätigkeit und Belebung der Zellen fördert, (auch ohne Salz).

Ihr geliebten Schüler, regt ihr die Heilkraft des GRÜN- ELEKTRONS an und belebt durch Sprechen von Heilmantras diese Energie, wirkt in euch das gesamte Heil, das die QUELLE ausgießt. Alle Heilenergie (GRÜN), die von der QUELLE zum Leben gesandt wird, muß immer zuerst die Wurzel berühren. Von der Wurzel strömt das belebende GRÜN in alle Zellen, ergießt sich in das HERZ und wird weitergeleitet bis zur **KRONE** eures und jedes SEIN. Seht dem Wachsen der Bäume und Pflanzen zu, die den Kern des Lebens in die ERDE legen. Wenn das SEIN sich durch die LIEBE von oben (PRANA) entwickelt, wächst es, wenn es gesund ist, aus der ERDE dem LICHT entgegen. So findet die Heilung in euch statt. Von den Füßen zur Krone!

Verbinden sich Heilkraft von unten und Lichtenergie von oben, sind die kosmischen Energien im Einklang. Sendet ihr LIEBE und Segen aus dem HERZEN in jedes ELEKTRON eures SEIN, ist die kosmische Einigung vollbracht.

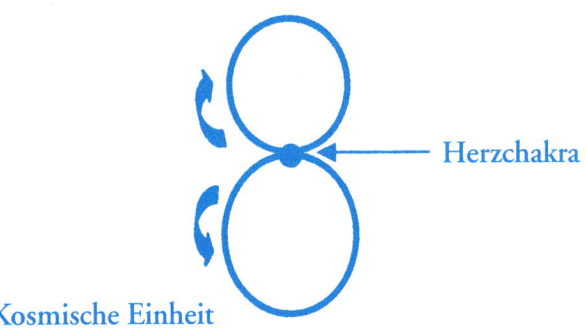

Herzchakra

Kosmische Einheit

Segen, der allem SEIN in der ERDE gesandt wird, flutet immer vom HERZEN der ERDE zurück in die QUELLE. Um mit allem SEIN im Einklang zu leben, sind diese Gaben als Heilung für euch alle im Geben und Nehmen gleich. Findet nun Heilung auf allen Ebenen statt, wenn ihr viel GRÜN als Nahrung eurem physischen Körper reicht? JA. Alles GRÜN ist ein Träger des stärksten ELEKTRONS aller Zeiten, das jemals von der HÖCHSTEN QUELLE allen SEINs gesandt wurde. Alle Körper auf der ätherischen Ebene können durch Affirmationen mit GRÜN von euch alte und noch belastende Muster auflösen. GRÜN wird zum Heiler des ÄTHERKÖRPERS durch Senden von Heilstrom.

ICH BIN die Heilkraft,
die in allen Erinnerungen
meines SEIN lebt!

Im Segen
der Meister Konfuzius

In der Balance Bleiben

Ihr geliebten Kinder, wenn der Strom, der zu jeder Zeit durch euer SEIN flutet, aus der Balance gerät, gibt es „Kreislaufstörungen"! Die Energie, die durch eure Körper fließt, bewegt sich immer kreisend. Dieser Fluß wird auf zwei verschiedenen Ebenen wahrgenommen. Einmal von der HÖCHSTEN QUELLE durch alles SEIN, die ERDATMOSPHÄRE durchdringend, um dann durch die Füße in jedes ELEKTRON eures SEIN zu fließen. Es ist der Strom, den ihr mit den Erdenergien benötigt.

Doch über die „Lebensschnur", die fein und sehr licht in Silber von euch wahrgenommen wird, dringt dieser Strom durch euer Kronenchakra in eure Lebensbahn ein. Seht dies als die **Balance**, die von beiden Richtungen nötig ist. Weshalb müssen beide Ströme immer ausgeglichen sein (Kosmische Einheit)?

Nehmt ihr die Erdenergien nicht genügend wahr, wird euer SEIN zu leicht. Eure Körper, die den Gedanken und Gefühlen zu eigen sind, müssen besonders beachtet werden. Der Mentalkörper benötigt sehr viel Strom, der von oben einflutet, und der Emotionalkörper viel Erdkraft. Alles ist ein ständiges Geben und Nehmen. Wird allen Körpern nur von unten oder nur von oben „bewußt" gelenkt, sind alle ELEKTRONEN benachteiligt, gleich von welchem Körper.

ELEKTRONEN sind eine intelligente Form! Sie haben ihren Auftrag, der klar von ihnen ausgeführt wird.

Für alle Wesen der ERDE ist der Erdkörper (der physische) eines jeden SEIN die große beachtliche Freude. Die Formen der Heilenergien, welche die 3 unteren (Haupt-) Chakras beleben sollen, erhalten sie aus der ERDE (Beleben durch die Füße).

Die 3 oberen (Haupt-) Chakras werden von der LICHT-Energie, (PRANA), genährt. ERD- und LICHTENERGIE vereinigen sich im HERZ- CHAKRA. Das HERZ-CHAKRA ist der ausgleichende Pol, der alles in die Balance bringt. Ist nun die tägliche Aufmerksamkeit eurer LIEBE überwiegend auf euch selbst gelenkt, wird das HERZ- CHAKRA immer stark und mächtig diese Energien verteilen. Auf euer gesamtes SEIN!

Füllt ihr eure HERZEN mit LIEBE: „ICH BIN vollkommen in LIEBE mit mir", dehnt die Energie des HERZ- CHAKRAS sich augenblicklich aus.

Belebt immer zuerst eure Körper, bevor ihr LIEBE an andere oder die ERDE sendet. Der Strom, den ihr weitergebt, muß klar und stark sein. Erfüllt euer SEIN mit dem Strom der LIEBE und FRIEDEN dehnt sich aus, von euch zu allem SEIN. Mit dem Ausbalancieren eurer CHAKRAS ist der Hauptkanal, der alle PRANA lenkt, weit geöffnet und kann so Heilung empfangen. Für die genaue Form, die CHAKRAS zu beleben, ist das jeweilige ELEKTRON in Reiner LIEBE anzusprechen. Zum Beispiel:

„ICH BIN vollkommen in LIEBE
mit dem HERZCHAKRA- ELEKTRON".

Im Segen
der Meister Konfuzius

Ordnung im Geist

Der Strom eines ELEKTRONS ist GEIST, es kann niemals ausgelöscht werden. Es geht immer wieder in die QUELLE zurück. Bis ihr eure Erfüllung erreicht habt, dann geht es wieder ein in das SEIN. Es wird neutral und ist REINE LIEBE.

Alles, was aus der HÖCHSTEN QUELLE in eine Verkörperung gebracht wird, besteht aus ELEKTRONEN. ALLES!

Prüft eure geistige Haltung anderen gegenüber! Mut, den Wortschatz als eine große Aufgabe der Korrektur zu übergeben, benötigt ihr. Seid ihr in jeder Situation in LIEBE mit ALLEM? Sind Worte, die ihr selbst nicht gerne empfangt, noch in euch verwurzelt? Prüft den GedankenFluß! Alle Gedanken, die ihr sendet, sind schnell wie das LICHT am Ziel.

Häufen sich unvollkommene Worte an, sind die Zellen ständig in Aufruhr. Gaben von Mineralstoffen verlassen die Zellen durch das Senden von Wut, Zorn und unvollkommenen Gedanken! Dies ist ein Prozess, der alle Körper schwächt. Um die Körper in ihrer Einheit stabil zu erhalten, muß der Geist ständig „überprüft" werden. Unvollkommene Worte oder Handlungen sind eine große Gefahr für die Seele. Sie ist das, was sich fest in euch als LIEBE eingeprägt hat. Wird die Last zu groß, die ihr euch aufbürdet, kommt es zu Depressionen. „Druck", der keine Ventile zum Entladen findet, dehnt sich oft als „unerklärbarer Schmerz" aus. Ist dies Krankheit? Nein, doch die kleinste Unvollkommenheit, die ihr an euch erkennt, wird von euch so bezeichnet.

Um als Schüler, der dem LICHT zustrebt, zu wirken, ist das Geistige immer wieder zu korrigieren. Vom Strom der LIEBE, die viel schneller fließt, als ihr euch vorstellen könnt, müßt ihr nur mit Freude geben. Freude, die aus euren HERZEN fließt, ist das Leben spendende Elixier der HÖCHSTEN QUELLE. So glaubt an die Macht, welche die LIEBE euch geben kann. LIEBE, die euch und die ERDE heilt. Sie hat dem Strom der LIEBE immer gehorcht. Lange Zeiten war dieser Strom in vielen HERZEN versiegt. Mit dem neuen Plan, den die Wesen, die ihr ENGEL und MEISTER nennt, zur ERDE getragen haben, ist der Wandel eingeleitet worden. Kraftströme vom tiefsten BLAU, das ihr euch vorstellen könnt, strömen ständig in alles SEIN.

Folgt ihr dem Geist, der eurer Handlung vorausgeht, und werdet achtsamer in euren Tätigkeiten und Wegen, ist dem physischen Körper das gesamte Spektrum der Heilung gegeben. Was, ihr geliebten Schüler, die ihr das LICHT erkannt habt, benötigt dieser physische Körper als Nahrung? Wenig zur Fülle (feste Nahrung), viel zum Erhalt. Das heißt, nicht nur Fülle ist ihm zu reichen, sondern das, was ihn belebt, stärkt und erhält.

ICH BIN die belebende Kraft,
die mein SEIN stärkt.

ICH BIN die heilende Kraft,
die mein SEIN erhält.

Seht diesen Körper als Instrument, das feine und empfindsame Bestandteile hat. Leichtes Anstoßen oder kräftiges Berühren ist ihm schon unangenehm. Habt ihr euch schon gefragt, weshalb die Menschen sich nur gerne berühren, wenn sie in LIEBE sind? Die AURA ist der Schutz eures gesamten SEIN. Durch die wachsende LIEBE in euren HERZEN beginnt sie sich auszudehnen. Die Aura ist LICHT. LICHT, das sich bewegt, fließt, ausdehnt und zusammenzieht.

Kommt es zu Gruppenansammlungen von Menschen oder Tieren, gibt es eine große Ballung an Energie. Vollkommenes und Unvollkommenes fließt zusammen und ist so stark im Fluß des Stromes, daß viele von euch Belastungen beim Atmen erhalten (Atemnot u.s.w.), weshalb?

Die Lungen, die vom Strom des LICHTES (Luft), das die Aura durchflutet, erhalten werden müssen, werden unterversorgt. So entsteht Beklemmung, positiv wie negativ!!

Auch gute und in LIEBE gesandte Energie kann sich unterschiedlich auswirken – auf die **LUNGEN**! Dieses Organ ist nach dem HERZEN das wichtigste, was zu eurem SEIN gehört. Sie verteilen den Atem, das belebende GUT für die Zellen und jedes ELEKTRON. LUFT, die ihr atmet, ist GEIST. GEIST ist in der Atmosphäre alles, was ihr seht, hört und fühlt. GEIST IST!

Es findet ein ständiger Austausch von GEIST, als Energie, in euch statt. Alles in eurem SEIN lebt nur weiter, wenn GEIST euch durchströmt. Atem ist GEIST. Jede Form benötigt deshalb, um gesund zu bleiben, GEIST oder LUFT. Haltet ihr euch in einem geschlossenen Raum ohne Zufuhr von LUFT auf, seid ihr in kurzer Zeit ohne Leben. Dieser Strom, der von der QUELLE in so feiner Form flutet, ist verdichtetes GOLD. So nehmt, um euch zu beleben, viel „frische" Luft. Dies ist Nahrung, um euch zu erhalten.

Im Segen
der Meister Konfuzius

Aufrichtigkeit Leben

Im Leben eines Schülers gibt es viele Aufgaben zu lösen. Löst ihr mit Aufmerksamkeit und seid aufrichtig, ist der Weg leichter und leichter zu gehen. Helft ihr auch eurem Nächsten, seinen Weg zu erkennen, wird der Pfad, auf dem ihr wandert, immer gerader. Das Ziel ist euch so nahe! Sind eure Wege verschlungen und Erkenntnisse werden nicht zum Wohle der Menschen und allem SEIN weitergegeben, ist der Weg viel länger, da die Windungen euch das Ziel nicht erkennen lassen. Hier bedarf es wieder Erklärungen. Ist es immer Eingreifen in das Karma des anderen? Ist es immer „Einmischen"?

Alles, was ihr für eure Entschuldigungen benötigt, ist, die LIEBE selbstlos senden! Selbstloses Senden und Helfen heißt: über die Handlung schweigen. Schweigt ihr nicht, könnt ihr durch euer Eingreifen den Fluß des anderen verlangsamen.

Ist euer Bestreben von wahrer LIEBE und im Reinen HERZEN entstanden, findet ein großer Austausch von LIEBE zwischen dem Gebenden und Empfangenden statt. Des Schülers Aufgabe beim Dienen ist, Freude am SEIN zu haben. Groß wird eure Kraft, die von solchen TATEN mit dem stärksten Strom aus der QUELLE versehen wird. GOLD aus dem HERZEN der QUELLE ist ein Strom, der dem gesamten SEIN eurer Vollkommenheit hilft, das Ziel sehr schnell zu erreichen. Das Ziel heißt: Aufsteigen.

Findet der Schüler zu einem aufrechten Lebensstil und hält „Meldungen" von Unvollkommenem fern, ist der Strom, der ihn durchflutet auch kraftvoll zum Senden. Unvollkommenes, das ihr erkannt habt, muß, wenn ihr im LICHT leben wollt, aus dem Tempel entfernt oder ferngehalten werden. Dies ist eine Aufgabe, der ihr euch selbst stellen müßt (z.B. TV).

Ihr geliebten Schüler, der Kanal eures SEIN kann nur gut empfangen, wenn ihr euch und den Tempel nicht vollstopft mit Unwichtigem. Alles, was ihr in eurer Zeit benötigt, ist Einfachheit im Lebensstil, in der ER-Nährung und im FREI SEIN von zu vielen Zielen. Alles, was ihr für die Evolution eures und der ERDE SEIN benötigt, ist **ein** Ziel. Ist dieses zu eurer Zufriedenheit erreicht, ist das nächste anzustreben. Findet, um dies zu bewerkstelligen, nicht Ausreden wie: „Ich habe noch so viel vor!" Auch hier kann der Plan sich ändern, da zu viele Wünsche den Plan verwässern. Ist die Zeit vergangen, da ein Ziel hätte erreicht sein sollen, wird der Plan oft geändert, weil das, was der VATER euch geben möchte, an euch vorbeigegangen ist. Seht nun vom Standpunkt eures jetzigen SEIN, wie klar kann der Tag von mir genutzt werden. Sind zu viele Handlungen in „eurem" Plan und gehen „Reste" über in den nächsten Tag, ist wieder das Ziel in die „Zukunft" gerückt. So ist es mit der Heilung des Gesamten. Wird ein Heilungsprozess von euch in zu kurzer Zeit **gefordert** und ist von großem Verlangen, die Behinderungen zu beseitigen, kann der Körper nicht im FRIEDEN die Aufgabe des Heilens bewältigen. Alles, was ihr vom Quellstrom erhaltet, fließt **gleichmäßig:** kommen, annehmen, abgeben, Heilung.

Das heißt, der Strom fließt immer im Kreis. Alle **SON-NEN** sind der Wärmespender eines jeden SEIN. Hier wird die Energie von oben nach unten verteilt. Ist das gesamte SEIN nicht in der <u>Balance</u>, ist das Fließen im Körper ohne Wärme. Blockaden entstehen durch unvollkommene Gedankenformen. Sie zerstören wie Gewitter die Sicht zur SONNE. Gebt ihr nun frohe Gedanken, Worte und Botschaften in euch hinein, bevor der Tag euch empfängt, ist der SOLARPLEXUS vorbereitet und gestärkt (Morgenmeditation). Beendet ihr euren Tag mit Dankbarkeit im HERZEN, wird der neue mit LIEBE beginnen. Das ist ein Gesetz.

Im Segen
der Meister Konfuzius

Frieden Sein

Vom wahren FRIEDEN ist die Rede, seit Anbeginn der Zeiten. Doch was ist FRIEDEN SEIN?

Als die Menschen noch nicht ahnten, daß sie eines Tages ohne FRIEDEN sein könnten, wurde die Seele als das bezeichnet, was ihr das HÖHERE SELBST nennt. Sie war nur LIEBE. Sie war immer FRIEDEN. Ohne die geringste Spur von Gewalt oder Zorn, was die Körper eines Wesens so undurchlässig macht, lebte alles im FRIEDEN.

Mit den Zeiten, als das Dichte der Untugend sich um alles legte, was sich dem Unvollkommenen hingab, kam die Verklärung des Wissens des eigenen Selbst. Der SONNE Wärme ließ alle immer wieder erkennen, daß LICHT das „Dunkle" auflöst und zum Leben erweckt. Mit der Erkenntnis des wahren SEIN kam die Freude jedoch nur für Augenblicke. Dem Strom der Gerechtigkeit und des Glaubens folgten viele Seelen spontan. Doch die Wesen, die sich der Macht der Untugenden hingaben, folgten dem falschen „Frieden" in Lethargie und Trägheit. Alles, was sie nicht erkannten, war, daß diese Tugenden ihnen die wahre Freude löschte, Freude, welche die Voraussetzung für den FRIEDEN im gesamten SEIN beinhaltet. Ist diese für lange Zeit eines Erdendaseins verloren, treten Depression und Traurigkeit ein. Was ist zu erkennen, wenn ihr an dem Punkt angekommen seid, da ihr dies feststellt?

Jede Seele, jedes SEIN hat an anderen Dingen Freude. Verlangen nach bestimmten Dingen, Speisen oder Handlungen, die oft in anderen Leben nicht erfüllt wurden, sind die Anziehungskraft und werden als falsche Freude empfunden. Diese Ablenkungen vom wahren FRIEDEN, der von der Freude gelenkt wird, nennt ihr Menschen Sucht.

Der FRIEDEN als solcher ist so außergewöhnlich, daß ihr ihn für niemanden erfühlen könnt, nur für euch selbst. So kommt es, daß ihr oft das Unverständnis des anderen empfangt. Wie wird diese Sucht von euch geliebt! Alles, was den Menschen an Bewußtsein und Erkenntnis gegeben wurde, wird eingesetzt, um sich der „Freude" zu jeder Zeit hinzugeben. Wenn „Freude", sich den irdischen Dingen hinzugeben, in euch entsteht, und euer gesamtes SEIN sich damit füllt, kommt es zu Ausschüttungen von **HORMONEN**, die den physischen Körper schnell in eine „Glücksstimmung" versetzen. Dies baut die Zellen auf, die vom VATER einem jeden Geschlecht gegeben wurden, die **Befruchtungsorgane**. Was geschieht, wenn diese Ausschüttungen nur für Süchte der irdischen Ebene erfolgen? Der physische Körper dehnt sich aus! Er wird „dicker". Doch eine Unterversorgung an Freude auf <u>allen</u> Ebenen bringt dem Körper die Kraftlosigkeit in Form von **er**- Müdung. Die Haltbarkeit und Stabilität der Struktur des gesamten SEIN zerfällt und das äußere Selbst wird <u>schlaff</u>! Bleibt ihr im Gleichgewicht der Freuden für alle Körper und der Aura, ist FRIEDEN im <u>gesamten</u> SEIN.

FRIEDEN auf dem Planeten bedeutet, alle Ebenen dieses Wesens zu erhalten. Nicht nur den sichtbaren

Teil, auch die feinstofflichen Körper und die Aura. Alle Wesen, die sich bereiterklärten diesem Planeten ERDE zu dienen, haben sie als ihre Heimat bei der Inkarnation anerkannt! Dies wird von vielen bei der „Freude", die der Tag bereithält, vergessen. Sie ist euer Heimatplanet. Sie benötigt eure Zuwendung als zweites, nachdem ihr euch den Segen und die LIEBE gegeben habt! Die HÖCHSTE QUELLE allen SEIN hat dies als klares Erkennen gegeben. Diese Form des Gebens ist die korrekte Gabe, um irdische Süchte loszulassen. Weshalb?

Der Planet hat seine Aufgaben, die irdische „Süchte" unterstützen können. Habt ihr „Süchte" als Lernprogramm in dieser Inkarnation, werden sie von Wesen, die noch nicht das LICHT erkannt haben, unterstützt. Alle „Süchte" oder falschen „Freuden" können durch Hingabe an GOTT oder das Erkennen der HÖCHSTEN QUELLE gelöst werden.

Nur LIEBE heilt alles Unvollkommene. Schenkt ihr der Form eures SEIN vollkommene Aufmerksamkeit, werden euch große Gaben an HORMON-ELEKTRONEN gesandt. Sie haben die Information, Leben zum FRIEDEN hinzulenken. FRIEDEN, der in allem Leben sich ausdehnt. Die Haltbarkeit, die dem Körper durch Hormone gegeben wird, strahlt aus dem physischen Körper und wird Schönheit oder Weichheit genannt. Ist ein Mensch mit seinem momentanen SEIN im Unfrieden, sind die Körper von Hormonmangel gezeichnet. Das Organ SCHILDDRÜSE ist das Zentrum der Erkenntnis von Freude und FRIEDEN. Diese beiden Informationsträger lenken den Segen weiter, der im Wort von euch ausgesandt wird. Hier ist die Zentrale vom

FRIEDEN. Ist dieses Chakra (Hals- Chakra) unterversorgt und die LIEBE wird nicht auf allen Ebenen gefühlt, ist der Segen auch nicht auf allen Ebenen gelebt.

Geht der Mensch im Umgang mit sich im Plan seines SEIN korrekt um, und Worte oder Taten sind im Einklang mit dem LICHT (unbewußt), ist ihm der FRIEDEN gewiss. Wie ist dies zu verstehen?

Die Formen eines jeden SEIN werden alle von der LIEBE der ELEKTRO-NEN getragen. Alles SEIN erhält gleich viel LIEBE. So kommt es immer zum Ausgleich von LIEBE und FRIEDEN im HERZEN, der „Motor" arbeitet regelmäßig. HORMONE lenken den FRIEDEN und halten Ruhe im SEIN.

Im Segen
der Meister Konfuzius

Ich bin Liebe in Allem

Ihr geliebten Schüler, in LIEBE mit allem zu sein, setzt voraus, daß ihr in LIEBE mit euch seid. Eure Aura ist von großer Intensität, wenn ihr euch selbst Beachtung gebt.

Füllt ihr bewußt eure HERZEN mit FRIEDEN, werden eure Körper mit HORMONELEKTRONEN aufgefüllt! Füllt ihr eure Gedanken mit positivem Wortschatz, seid ihr im FRIEDEN mit allem. Doch unkontrolliertes Sprechen und Handeln verbraucht wichtige Energie, LIEBE. HORMONE schütten sich aus und finden keinen Zugang zurück in die Zellen. Geschieht dies über längere Zeit, kommt es zu einer Unterversorgung von HORMONEN. HORMONE sind ELEKTRONEN, die sich „beruhigend" auf die NERVENZELLEN auswirken. NERVEN-ELEKTRONEN haben die Information, aufmerksam zu machen. Anspannung und Reiz sind die Dinge, die sie aus ihrer Ruhe bringen. Ist der HORMONSPIEGEL nicht ausgeglichen, beginnen die Nervenzellen das wichtige „Vitamin B" auszuschütten. Alle Vitamine, die dem gesamten SEIN dienen, sind wichtige Träger, um Reizen, denen ihr euch aussetzt, entgegenzuwirken. VITAMIN-ELEKTRONEN, die das Lebendige im Körper herstellen, sind, um euch zu dienen, das „Muß" einer jeden ER-Nährung. VITAMIN-ELEKTRONEN spenden Wärmeenergie, alle.

Ihr geliebten Schüler, vom Gnadenstrom der LIEBE fließt in jedem ELEKTRON so viel, daß Zellen, ruft ihr bestimmte ELEKTRONEN an, sofort in euch tätig sind. ELEKTRONEN SIND. Das heißt, nur das Anrufen ist schon im Plan eures SEIN ihre Erfüllung. Jede Zelle, die in schwacher Position tätig ist, wird durch euren Wunsch und euren Ruf nach Heilung sofort erfüllt. Sind Unvollkommenheiten von euch entwickelt und ganze Flächen von Zellen „krank" oder „ohne" Leben, müssen tägliche Übungen zum Aufbau der ELEKTRONEN- Energie eures SEIN gesprochen werden. Ihr nennt dies Mantras.

Deshalb wiederholt, sooft es euch möglich ist, für euch, für andere, für alles SEIN:

ICH BIN vollkommen in LIEBE mit mir.
ICH BIN vollkommen in LIEBE mit allem.
ICH BIN LIEBE in allem.

Alles, was ein vollkommenes SEIN belebt, um zum Aufstieg sich vorzubereiten, ist: sich so lange mit sich selbst zu beschäftigen, bis es vollkommen in Harmonie und im Einklang mit allem FRIEDEN lebt. Das, was euch am meisten hindert, eure Körper auf diesen Gesundheitsstand zu bringen, ist Unbeweglichkeit und Trägheit. Sind in euch die Tugenden: Freude, Gnade, Güte und Harmonie fest verankert, ist euer SEIN mit dem Strom des LICHTS im Einklang. FRIEDEN sein heißt, Glückseligkeit in allen Zellen auszudehnen.

Im Segen
der Meister Konfuzius

Immun–ER–haltung
auf allen Ebenen

Ihr geliebten Kinder, vom Immun-ER-haltungs-System ist hier die Rede. Die natürlichen Abwehrstoffe, die eure Körper benötigen, baut der gesamte Organismus selbst auf. Alle Gaben von sauren Stoffen haben diese Reaktionsform. Was ist das?

Wenn ein Körper von zu vielen „süßen" Gaben belastet ist, wird das Immunsystem angegriffen. Die Re-Aktion einer Süß- Gabe wird zur Umwandlung als sauer erkannt. Ist der Organismus und besonders die Gelenke mit zu viel „Säure" belastet, wird die Säure zur Ausscheidung über die Haut gezwungen. Alle Poren (Häute), die Organe oder das „Fleisch" umhüllen, schütten diese Säure über die Öffnungen der Zellen aus. Gibt es Fettablagerungen und Ansammlungen von „Talk", wird der Säuregehalt zur Belastung von Gelenkentzündungen. Gelenke, die vom ständigen Reiz der Säure gelaugt werden, können keinen weichen Ablauf des Bewegungssystems geben. Das heißt: zuviel „**Zucker**", egal in welcher Form, ist der Schwachpunkt eines jeden Gelenksystems, <u>aller Gelenke</u>.

Von den Folgen einer langen Zuckerzufuhr hat der Mensch über lange Zeiten schon erfahren dürfen. Nicht der Zucker, sondern die sich dadurch schnell entwickelnde Säure ist es, die dem Körper in jeder Zelle schadet. Wie

könnt ihr euer Immunsystem stark und **haltbar** machen?
Wie kann es **haltbar** bleiben?

Für eine klare ER- Nährung, die allen Körpern guttut und dem gesamten Organismus <u>dient</u>, ist das OBST und der natürliche Zuckergehalt mit der dazugehörigen Obst-Säure von Wichtigkeit. Die Gaben der festen Obstsorten, die ihr in eurer physischen Ebene erhaltet, dienen euch, um den physischen Körper zu sättigen und den Zucker zu reichen. Er ist der Vorbote, um Säure aufzubauen und die Organe zur Verdauungstätigkeit anzuregen. Ist das gereichte Obst, das der Körper jeden Tag in Reiner Form erhalten muß, zur „richtigen Zeit" genommen, baut sich das Abwehrsystem täglich selbst auf. Täglich! Alle Sorten, die dem Immunsystem als aufbauend dienen, sind GRÜN. Feste Formen, die dem Körper helfen, sind der Stoff, der dem gesamten Organismus hilft, im Einklang mit seiner Gesundheit zu bleiben. Diese For-men sind ÄPFEL. Ist der Organismus geschwächt und eine <u>Über</u>säuerung durch <u>zuviel</u> **Zucker** oder „**Süße**" (Süßstoff) liegt vor, ist <u>alles Obst</u>, das Säure enthält, schädlich. Alle Sorten der Zitrusformen können einem überzuckerten Körper das gesamte Abwehrsystem zerstören. Es kommt, ohne die anderen „Säuren" von „falschen" Nahrungsmitteln, zur **1. Übersäuerung**. Die-ses System, das für einen vollkommenen klaren Haushalt der Immunität sorgt, ist das größte Gebot, das eure Zellen fordern. Findet der Körper keinen Ausgleich vor, wie z.B. Nahrung mit viel <u>grünem</u> Charakter (Spi-nat, Paprika, Bohnen, Gurken u.s.w.), wird das gesamte System als unausgewogen und unhaltbar vom Körper erkannt. Diese Säuren, die für viele eurer „Krankheiten" zuständig sind, haben bis jetzt noch nicht die Aufmerksamkeit eurer Haltung euch selbst gegenüber erhalten. UNSER Rat heißt: Nehmt jede Form (Obst) einzeln pro Tag, denn auch hier gilt, die Sorten nicht zu mischen. Nehmt ihr vom Gehalt anderer Früchte, die dem Ausgleich von zu vielen Basenstoffen dienen sollen, ebenso zuviel, ist es dem Organismus nicht möglich, eigene Säuren durch – gesunden – Ausgleich herzustellen. Wie könnt ihr diese Kenntnisse erhalten?

Wenn ihr von „ausgewogener" Kost sprecht, meint ihr; von **allem** etwas! Müßt ihr von **allem** essen, um genährt zu sein, um eure Körper zu erhalten? Nein! Dies ist „manifestiert" für euch das, was ihr „Völlerei" nennt. Eure Körper haben das System dieses Planeten erhalten, um ER-nährt zu werden. Jeder hat sich den Ort und die Zeit und das Land selbst er- und benennen können. So benötigt ihr das, was das Land anbietet. Alle Gaben, die ihr aus anderen Ländern erhaltet, sind niemals für euch bestimmt. Schaden sie euch? Nein, doch lenkt eure Aufmerksamkeit auf die Gaben, die dort wachsen, wo ihr zur Zeit lebt.

Im Segen
der Meister Konfuzius

Unvollkommene „Kristalle"

Von den Säuren, die eure Körper so schwer belasten, geben WIR heute Rat. Alte und schwere KRISTALLE, die sich aus Säuren und Tiereiweißen gebildet haben, nennt ihr „Kalkablagerungen" und „Rheumabeschwerden". Viele Namen habt ihr der Form von Unvollkommenheiten eurer Gelenke schon gegeben. Sind es die „Ab-Lagerungen"? Es sind Säuren und Fette, die sich verzuckert und zu Kristallen gebildet haben. Weshalb kann dies in der Vorstufe der Erscheinungsform nicht erkannt werden?

Durch lange Zeiten der Nicht-Erkenntnis haben die Menschen die Frühbildung dieser Fehlbildung nicht verstanden. Diese Säuren konnten nicht als Kristalle bemerkt werden, da der Prozess über eine gewisse Zeit eures Lebens „schleicht". Schmerzen, die von Kindern euch in Unwissenheit signalisiert, werden nicht beachtet. Folgen von ständig sich wiederholendem Unwohlsein werden ebenso als normal angesehen.

Ihr geliebten Kinder, das, was ein Baby oder Kleinkind von euch an Zucker gereicht bekommt, ist die Vorstufe der Sucht nach Saurem. So geschehen Zeichen, die von euch oft nicht ernstgenommen werden. Säure hat den Auftrag, sich als „Geruch" bemerkbar zu machen. Alles sauer Riechende ist die klare Form von Übersäuerung! Säure, die dem Körper gut tut und als hilfreiche Gabe die Organe versorgt, ist frei von Geruch. Nur das Mischen von vielen Säuren verschiedener Nahrungsmittel erzeugt diesen Geruch. Von den Säuren, die euch am meisten schaden, sind die tierischen Produkte die Gefahr für euer gesamtes SEIN. Folgt ihr dem Wunsch, als LICHTAR-BEITER zu dienen, sind alle Produkte, die **Tiermilch** enthalten, belastend! Haltet ihr eure Körper frei von Milchprodukten und gebt ihnen viel grüne Nahrung, schwemmen sich nach und nach KRISTALLE aus. Was, ihr geliebten Kinder, ist zu tun, um sehr alte und „steif" verformte Gelenke wieder weich zu bekommen?

Seht hier den Rat als gegeben, um auf eine klare Form der ER-Nährung zu kommen. Alles, was ihr viele Leben oder Jahre eurer jetzigen Zeit (Leben) falsch gemacht habt, bedarf einer genauen Prüfung aller Nahrungsmittel, die ihr zu euch nehmt. Viele Säuren, von verschiedenen Nährstoffen, sind in ihnen enthalten. Das, was euch helfen kann, ist die Prüfung von Säuren- und „Basen"-Stoffen. Alles, was sich im Körper als „sauer" wandelt, bedarf der Korrektur – **wann** nehme ich es zu mir. Morgens, vormittags, mittags, nachmittags oder am Abend (Tagesrhythmus)? Seht, wie die Körper sich für euch und eure Handlungen oft „mühen" müssen, um gesund zu werden oder zu bleiben. Genaue Formen der Darreichung aller Gaben sind die Folge von **ganz** gesund werden. Sind diese Gaben, dem LICHT und Zeitplan, dem Rhythmus der ERDE eines jeden Schöpfertages angepaßt, ist euer gesamtes SEIN mit allen Körpern im EIN – KLANG. Die ZELLEN und die ELEKTRO-NEN, die mit gesprochenen ELEKTRONEN – MANTRAS zur schnellen Gesundheit kommen, erfahren wahre Wunder.

Ihr geliebten Kinder, Schüler der WEIßEN BRU-DERSCHAFT, alles, was ihr für euch und den Aufbau eures gesamten SEIN benötigt, ist die LIEBE zu euch selbst. Seid ihr in LIEBE mit euch, habt ihr täglich „Zeit" für euch, seid ihr die geborenen LICHTDIENER des Neuen Jahrtausends und der folgenden Zeit. Alles SEIN ist ELEKTRON. Alle ELEKTRONEN benötigen nur LIEBE, um euch zu dienen, euch zu helfen. Seid ihr in LIEBE mit ihnen, ist das Leben in euch voller Kraft und Selbstheilung.

Vom ELEKTRONEN – Mantra erfahrt ihr bald. Diese Aufgabe ist das gelebte LICHT für euch. Wenn Ströme, die dem LICHT dienen möchten, klar und rein sind, kommen die Gaben, die ihr aus euren HERZEN zu anderen sendet, immer in LIEBE an. Um der ERDE diese LIEBE mit dem Kraftstrom der HÖCHSTEN QUELLE (BLAU) zu senden, solltet ihr, geliebte Schüler, nur **Reine** Nahrung als Freude nehmen. Reine Körper, die dem LICHT dienen, sind die großen Heiler eures Planeten ERDE.

Seit Anbeginn der Zeiten ist es euer Wunsch, die ERDE und alles SEIN wieder im Glanz des GOLDE-NEN LICHTS zu leben. Gebt euch für diese Neue Zeit nur eins: LIEBE und ihr werdet heil, so auch sie heil ist.

Im Segen
der Meister Konfuzius

Das Öl der Sonne

Was, ihr geliebten Kinder, geschieht im Organismus durch Fettablagerungen?

Eure Körper sind mit dem Eintreten in diese Atmosphäre einem Planeten zugeordnet worden, der Wärme benötigt, um zu leben. Ihr seid Erdbewohner und Warmblüter. Ist das BLUT ohne Wärme und kann nicht fließen, kommt es (z.B. durch kalte Getränke) zum Stau oder zähflüssigen Fluß. Für die Organe ist BLUT ein lebensnotwendiger Träger. Alles, was in euch zur Starre führt, ist kalt. Gebt ihr den Körpern wenig Bewegung, muß es über längere Zeit zur Fülle gewisser Körperteile führen. Die Zufuhr von warmen Speisen und Getränken ist für die Menschen daher von großer Wichtigkeit.

Folgt ihr nun dem Gesetz des Flusses, wird nach längerer Betrachtung die SONNE wieder zum Mittelpunkt eures Systems ERDE und eurer Körper. Alles, was ihr aus den Pflanzen oder den Kernen der SONNEN-BLUMEN gewinnt, ist das Höchste GUT, um die Zellen aufzubauen und zu erhalten. SONNENBLUMENÖL hat die LIEBE und das Einssein mit allen SONNEN aller Systeme. Dieses Öl, das alle Zellen mit dem Leben spendenden Vitamin E versorgt, ist der „Stoff", der das Sonnensystem Solarplexus in euch aufbaut! Wenn ihr SONNENBLUMENÖL vormittags auf den Solarplexus reibt, muß diese Wärme das Rad eurer SONNE wieder zum Schwingen bringen. Von Außen!

Weshalb, fragt ihr euch, sind Öle nicht von gleichem Wert? Sie sind wichtige Informationsträger und tragen den Wert der Form (Pflanze) in sich. Sind alle Pflanzen und Kerne weich und anpassend? Seht genau den Träger, das bewirkt oft das Nichtwirken des Öls!

Öl, das von Pflanzen mit Dornen oder Stacheln gewonnen wird, nimmt diese Information in sich auf (Abwehr = Abgrenzen).

Ihr geliebten Lichtarbeiter, möchtet ihr Wärme ausstrahlen oder euch **abgrenzen**? Grenzen abzubauen ist für die Heilung UNSERES geliebten Planeten von ALLER- höchster Wichtigkeit.

Im Segen
der Meister Konfuzius

Spannkraft und Halt in den Zellen

WIR, die WIR euch den Segen von allen Ebenen senden, sind nun bereit, viele Gaben der wahren Namen und Formen bekanntzugeben.

Was, ihr geliebten Schüler, findet in eurem Geist statt, da ihr erkennt, daß manche Worte von UNS anders geschrieben und ausgedrückt werden, als ihr sie in eurer Sprache benutzt? In den Zeiten, da die Sprache den Menschen gegeben wurde, haben <u>viele</u> empfangen. Der GEIST sprach in ihnen. Einige, und oft sogar die wichtigsten Worte, wurden falsch weitergegeben.

Wenn ihr den Sinn der Formen erfahren werdet, hat der Klang des Namens <u>sofort</u> eine neue Bedeutung. WIR sagten schon einmal, hört mehr dem Klang des Wortes zu. Es drückt aus und **manifestiert sofort**! Das, was manifestiert wird, hat oft mit dem, was ihr esst, nicht viel zu tun.

Folgt ihr dem Gesetz, alles zu segnen, was ihr euren Körpern reicht, ist dies schon die LIEBE, welche die Form der Speise benötigt. WIR haben den Gnadenstrom eines jeden SEIN erwähnt. Wisst ihr von den wahren Gaben, die der physische und die ätherischen Körper benötigen? Jede Ebene ist anders zu erkennen. Trennt ihr diese Gaben bewußt, labt ihr mit All- ER- größter Hochachtung eure feinstofflichen Körper. Diese physische und schwerste Ebene von allen hat die Möglichkeit, dem „Drang" von manchen Nahrungsmitteln nachzugeben!

Das, was die ätherischen Körper benötigen, ist leichte und lichte Nahrung. Segnet eure Speisen auf allen Ebenen.

Wie geht dies zu verbinden? Wenige und gezielte Worte (manifestieren) sind nur nötig, um den ätherischen Körpern keinen Schaden zuzufügen. So höret dem Strom des VATER(s) zu:

Ich segne alle physischen Speisen,
die ich jetzt zu mir nehme,
ich segne alle ätherischen Speisen,
die ich für meine feinstofflichen
Körper erbitte.

Alles, was ihr in LIEBE für eure Körper der lichten Ebenen erbittet, <u>ist</u> sofort gereicht. Wie ist dies möglich? Glaube, der in euch fest verankert ist, Wissen, das ihr nur wieder langsam in euch erwecken müßt, öffnet sich mehr und mehr. Wenn ihr den Strom, der eure Körper in Wahrheit nährt, erblicken würdet, wäret ihr erstaunt. PRANA ist die Nahrung eines jeden ELEKTRON im SEIN (Lichtnahrung).

Um in euren Zellen die **Spannkraft** und die „Elastizität" zu erhalten, gibt es Pflanzen von <u>besonderer</u> Struktur. So **Spinat** (Spann-Halt). Dieses Wort ist so „verfälscht", daß ihr den **Charakter** dieser Form nicht mehr erkennt. Weshalb kann nun der Strom eines „Wesens", wie SPANN-HALT, sich durchsetzen?

Werden Worte von Nahrungsmitteln negativ manifestiert, kann sich die Heil- und Nahrkraft der Form nicht mehr vermitteln. So nur gehen wichtige Informationen verloren.

WIR sagten: „Manifestiert ihr unkorrekt, ist manifestiert!" Ist es möglich, diese Form der ER-Nährung zu erkennen? JA. Nur der Aufmerksamkeit eures Geistes bedarf es, um diese „Prüfungen" der Gaben zu erkennen. Dies ist die leichteste Aufgabe, eurer ER-Nährung eine Wende zu geben. WIR lenken zum Erkennen eurer Ebene hier einmal Rat!

Für eine Form wie „Schwarz- Brot" bedarf es keiner weiterer Erklärung.

Ihr geliebten Kinder, im Wortschatz eurer Sprache gibt es viele „Worte", die von euch in Wahrheit erkannt werden müssen.

Im Segen
der Meister Konfuzius

Wohlstand ist Fülle auf allen Ebenen

Vom Wohlstand, der die Zellen füllt und die LIEBE in euer gesamtes SEIN strahlt, ist heute die Rede.

Ihr geliebten Kinder, Schüler des wahren und klaren Weges, der euch nur mit den Reinen Gaben versorgt. Die Form des geraden Weges ist sehr einfach zu beschreiten, geht ihr wachsam durch eure Zeit. Nur mit der vollkommenen Form geht ihr in das Nirwana ein. Wie, fragt ihr euch, ist es in dieser Zeit möglich, an den Aufstieg zu glauben?

Das Reine HERZ, das nur mit dem Grundsatz, Gutes zu tun, im Bewußtsein lebt, hat am Ende dieser Inkarnation seinen Sinn erfüllt! Geht das, werdet ihr mit Zweifel denken? Ja, dies ist in jeder Zeit möglich, denn die Sprache des HERZENS, das mit LIEBE und Hingabe dem Selbst, dem Nächsten und dem Planeten dient, ist die einzige Macht, die alles, was hindert, überwindet.

In den Zeiten, als die Menschen noch mit allem in Einklang waren und in Wahrheit lebten, hat der Schöpfer viele Klangströme erschaffen. Diese Klangströme nennt ihr MUSIK. Sie ist der feine Begleiter aller Worte. Wenn ihr diese Klänge nicht wahrnehmen würdet, um sie mit eurer Sprache zu vereinigen, wären die Sprachen alle gleich und monoton im Ausdruck. Was hat dies mit Wohlstand zu tun? Alles, was in feinen und beschwingten oder feinen und sanften Tönen erschaffen wird, dient euch, daß eure Körper sich „wohl"- fühlen. Der Klangstrom, der das

Universum mit so vielen Tönen und Farben erklingen läßt, hat nur die Aufgabe, alle „Mißtöne" zu beseitigen. Stellt ihr die Musik des HERZENS und der LIEBE ein, müssen Töne wie zu „laut" oder „hart" weichen. „Schrille" und in dieser Zeit „kalte" Töne sind der Schaden für eure feinen und an WOHLSTAND gewohnten Seelen.

Um den Ton des gesamten SEIN, den „Oberton", zu lenken oder zu singen, benötigt ihr nur den heiligen Klang des OM (AUM). Lang, und mit dem Ein- und Ausatmen gesungen, erfüllt Er jedes ELEKTRON mit FRIEDEN. Jede Zelle hat aus alten und Reinen Zeiten diesen TON- KLANG im SEIN fest verankert als Hilfe, zum FRIEDEN zu gelangen. Dies ist euer Ziel! Es ist das, was euch immer wieder am meisten aus der Balance eures vollkommenen Handelns bringt: „UN-FRIEDEN" (ohne FRIEDEN).

Wie könnt ihr leicht und frei zum WOHL-STAND gelangen? Durch die Macht der LIEBE. Sie nur hat alle Möglichkeiten, euch auf allen Ebenen zu helfen, physisch und ätherisch. Denkt ihr nur an materiellen Wohlstand? Ist euch nicht bewußt, daß jeder Wohlstand von der ätherischen Ebene gesandt wird? Alles, alles, was ihr in euch und um euch erhaltet, ist GUT aus der HÖCHSTEN QUELLE allen SEIN ICH BIN. ALLES ist GUT und geht dort wieder hin. Ist der Fluß auf <u>einer</u> Ebene blockiert, setzt sich Blockade auf allen Ebenen fort.

DIES IST EIN GESETZ!

Ihr geliebten Schüler, wer die Macht der LIEBE, die immer fließend ist, versteht, ist mit dem WOHL-STAND im Einklang!

145

Hier ist die „Macht" als Kraftstrom zu erkennen. Denn die Macht der LIEBE ist eine Manifestation im Wort des gesprochenen Satzes. Alles, was ihr in die machtvolle Form eines Reinen Satzes bringt, wird von der QUELLE als GUT anerkannt. Es muß geschehen! Es ist LIEBE. So haben WIR gewirkt, mit reinen und klaren Formen, um der ERDE zu helfen. Mut, um den neuen Wortschatz zu prägen, hat euch niemals gefehlt, denn LIEBE ist der Lenker des Wohlstands. Alle Formen von unvollkommenen Worten sind von euch zu meiden, da ihr dem LICHT dient, da ihr dem FRIEDEN dient, da ihr das Reine erkannt habt!

So belebt eure Gedanken mit schönen und wohlklingenden Worten. Lasst alte und (vielleicht) noch mißklingende Ströme los. Doch was ist zu tun, wenn die täglichen Geschehnisse euch in alte Formen zurücklenken? Alles, was ihr in das umwandelnde VIOLETTE LICHT gebt, wird sofort gelöscht. Die Macht der LIEBE ist das ICH BIN, ist der höchste Klang des Universums, z.B.:

> „ICH BIN frei von Worten,
> die in Unvollkommenheit
> von mir gesprochen wurden."

Im Segen
der Meister Konfuzius

In der Gnade des „willen" Leben

Von der Gnade, die ein Menschenkind leben kann, findet ihr den Ursprung in eurem HERZEN, LIEBE. Folgt ihr diesem LICHT, das unendliche Ströme von der „Willenskraft" der HÖCHSTEN QUELLE allen SEIN zu euch lenkt, ist alles, was ihr denkt und handelt, im FRIEDEN. **ICH BIN** ist eine solche fein strukturierte Kraft. Diese beiden Worte drücken alles aus, was LIEBE auszudrücken vermag. So geben WIR euch den Rat: Vergeudet diese Worte niemals! Nehmt sie im besten Wortsinn und benutzt sie immer nur „positiv".

Findet ein Strom, für einige Momente oder auch längere Zeit, nicht zum kraftvollen ICH BIN, so seid nicht traurig oder enttäuscht. WIR lenken alle Ströme wieder zu ihrem wahren SEIN zurück. So ist das Gesetz, und WIR, die Aufgestiegenen MEISTER, helfen einem jeden von euch. So kam auch ICH, um den Menschen zu zeigen, wie nah sie dem Ziel sind, wenn der Liebesstrom sich um die ERDE legt und von HERZ zu HERZ sich ausdehnt und weiter seine Kreise zieht.

Ihr geliebten Schüler, WIR lenken den machtvollen Plan der HÖCHSTEN QUELLE zu euch, um dem Planeten ERDE zu helfen, wieder zu seiner wahren Form zu finden und im Reinen Willen GOTTES zu sein. ER hat euch nur für kurze Zeit euch selbst überlassen, um euch zu helfen, den Willen hinter allem SEIN zu erkennen. Wenn **SEIN WILLE** nicht so stark wäre, könnte das LICHT niemals der Leben gebende Strom sein. Ohne diesen Willen, der Folgsamkeit als Träger hat, könnte niemals alles so gut wie ein Räderwerk funktionieren.

ER ist WILLE, **ER** lenkt GNADE, **ER** hat LIEBE und **ER** gibt euch alles, was ihr euch wünscht. So ist euer Wille, der so stark und klar war wie SEINER, heute noch als Leitfaden in euch fest verankert, ihr sagt: Silberschnur. Dieses feine Band hat ein jeder von euch als unendliches „Liebesband" erhalten. Gleich wo ihr in den Universen seid, es kann sich von IHM nicht lösen, denn es ist eingebunden in das HERZ der HÖCHSTEN QUELLE. So sagen die Menschen: „Ich habe einen freien Willen." ER gibt euch die Gelegenheit, in SEINEM WILLEN zu denken und zu handeln. Handelt ihr wirklich immer nach oder in SEINEM WILLEN? Sind eure Handlungen von LIEBE geprägt, dann ist es so, doch ist der unvollkommene Gedanke der Lenker eurer Tat, ist dies nicht SEIN Wille.

Als alle Gaben, die ihr von IHM erhalten hattet, nach und nach von euch erkannt wurden, ist das Wissen in euch stark geprägt worden. Alles ist in euren ELEKTRONEN und Zellen fest verankert. Ist dies von Dauer? Der Plan eines jeden SEIN findet immer zum Ursprung zurück, eben durch das feine „Band der LIEBE".

Wie hört ihr SEIN Wort, wie fühlt ihr SEINE LIEBE? Mit dem Strom des Atems bringt ER euch viele Beweise SEINER ständigen Gegenwart. ER ist SEIN, WIR sind SEINE Form. Durch die Formen hat ER UNS allen gezeigt, wie vielfältig ER ist. Habt ihr dies erkannt und fühlt dies in euch, dieses Wachsen von LIEBE, könnt ihr es auch weitergeben, denn LIEBE dehnt sich aus! Ausdehnen heißt, daß der GEIST eure gesamten Körper durchflutet, den Fluß der LIEBE verstärkt und die Aura in eine weit sichtbare Form bringt. Das ist das **ALL-UMFASSENDE LICHT** eures SEIN. Jedes SEIN, die ERDE, alle Planeten, Universen, ja selbst die QUELLE hat dieses LICHT und ist niemals aufzuhalten. Der 7. Körper wird von UNS der KÖRPER DES ALL-UMFASSENDEN LICHTS genannt, das HÖHERE SELBST. Wenn ihr die Gnade, die jeder Körper als Inkarnation leben darf, erkennt, wisst ihr, daß WIR alle die Gnade des HERRN leben dürfen, um zu wachsen.

Gnade ist das heilige ICH BIN. Wenn ihr diese gelebte Gnade aus euch zum anderen denkt und den Segen mitlenkt, hat sich SEIN Wille im SEIN manifestiert, **LIEBE**.

Ihr geliebten Freunde, was könnt ihr tun, um alles, was euch begegnet, als Gnade des HERRN zu erkennen? Fühlt das Werden der Wärme in euch! Unterdrückt niemals den Strom der LIEBE, auch nicht aus Angst oder Zweifel. Sie beide müssen von euch durch MEIN LICHT, das ihr immer rufen dürft, besiegt werden.

MEINE LIEBE ist immer in euch, verstärkt dies durch das Erbitten der CHRISTUS-LIEBE und das Ausgießen des HEILIGEN GEISTES. Diese Energien haben alles, was aus der QUELLE zu euch kommt, in sich. WIR SIND ER. Ihr seid ER. So sind WIR EINS. Was kann diese machtvolle LIEBE aufhalten oder zerstören, da ALLES LIEBE IST!

Kein Wesen kann **unvollkommene** Energie langeaufrecht halten, alles wird immer wieder LICHT. Ist euch dies bewußt, hat jeder von euch Zeit, um sich diesem Ziel in Freude zu nähern. FRÖHLICHKEIT ist die Ausdrucksform gelebter Gnade.

Findet nun den Weg nicht zu lang, zu schmal oder gar „mühselig"! ALLES DIENT EUCH! Nur euch, denn an eurem BILDE formt sich der nächste Geist, bleibt mit euch und zieht durch diese Ausstrahlung Wesen für Wesen hin zum LICHT.

Dies ist das Ziel, ihr geliebten Kinder, **LIEBE**, **FREUDE** und **FRIEDEN** für alles SEIN.

Im LICHT der Gabe
sende ICH euch MEINE Energie,

der CHRISTUS

Der Fortsetzungsband
**„Ernährung für Lichtarbeiter im Neuen
Jahrtausend auf der physischen Ebene"**
erscheint voraussichtlich im Jahr 2001.